Selbstliebe

Das Leuchten in Dir.

Eine Reise zu positive Gedanken

und Selbstliebe

Gehört zur Serie:

Ich - Im Wirbelwind des Geistes

Autor: Marcus Rose

Vorwort

Herzlich willkommen, lieber Leser! Wenn du dieses Buch in den Händen hältst, sehe ich das als Zeichen. Ein Zeichen dafür, dass irgendwo tief in dir eine kleine, aber unbezwingbare Flamme der Hoffnung, der Neugier und des Wunsches nach Veränderung flackert. Dieses Buch ist deine Einladung – nein, dein goldenes Ticket – zu einer außergewöhnlichen Reise. Eine Reise, die nicht in exotische Länder führt (obwohl das auch schön wäre, oder?), sondern in die unerforschten Weiten deines eigenen Herzens und Geistes.

Einer Reise, die so alt ist wie die Menschheit selbst, und doch für jeden von uns eine einzigartige Entdeckung darstellt: die Reise zur Selbstliebe. "Das Leuchten in Dir." ist mehr als nur ein Buch; es ist ein Leitfaden, ein Freund und ein Spiegel, der die vielen Facetten der Selbstliebe in einem Licht darstellt, das sowohl erhellend als auch heilend ist.

Diese Reise beginnt nicht mit einem Schritt nach außen, sondern mit einem leisen, mutigen Schritt nach innen. In einer Welt, die oft laut und fordernd ist, vergessen wir leicht, auf unsere innere Stimme zu hören – jene sanfte, aber beständige Kraft, die uns zu wahrer Zufriedenheit und Freude führen kann. "Das Leuchten in Dir." lädt Sie ein, diese Stimme nicht nur zu entdecken, sondern sie mit Liebe, Akzeptanz und einer Prise Humor zu nähren.

Der Beginn meiner Reise

Lass mich dir eine Geschichte erzählen. Es war einmal...
Ich weiß, das klingt jetzt wie der Anfang eines Märchens,
und in gewisser Weise ist es das auch. Es war einmal ich, in
einer Zeit, in der ich mich selbst am wenigsten liebte. Ich
war ein Meister darin, meine eigenen Bedürfnisse zu
ignorieren und mich selbst auf die letzte Stelle meiner
Prioritätenliste zu setzen. Bis eines Tages, nachdem ich
mal wieder über meine eigenen Füße gestolpert war (im
übertragenen Sinn), hatte ich eine Erleuchtung. Nicht die
Art von Erleuchtung, die man in Filmen sieht, wo plötzlich
Engel singen und alles in hellem Licht erstrahlt. Nein, es
war eher eine "Genug ist genug"-Erleuchtung

"In unserer Buchserie 'Ich - Im Wirbelwind des Geistes'
finden sich bald auch spezialisierte Bücher zu
Stressbewältigung, Affirmationen und Meditation, da
diese Themen den Rahmen hier sprengen würden.
Dennoch sind sie von großer Bedeutung und spielen
zusammen eine wichtige Rolle. Stressbewältigung, positive
Affirmationen und Meditation ergänzen sich gegenseitig
und sind entscheidend für unser Wohlbefinden. Wenn du
tiefer in diese Themen eintauchen möchtest, findest du in
unserer Buchserie die entsprechende Inspiration und
Anleitung!"

Was bedeutet Selbstliebe überhaupt?

Ist es ein Luxus-Spa-Tag oder sich selbst mit Schokolade
zu verwöhnen, wenn man einen schlechten Tag hatte?
Nicht ganz. Selbstliebe ist die grundlegende Anerkennung,
dass du es wert bist, geliebt zu werden – von dir selbst und
von anderen. Es ist die Praxis, sich selbst mit
Freundlichkeit, Verständnis und Respekt zu behandeln. Es
ist die Entscheidung, für deine eigenen Bedürfnisse
einzustehen und dich nicht für weniger zu verkaufen, als
du verdienst.

Die wissenschaftliche Seite der Selbstliebe

Interessanterweise gibt es eine Menge Forschung, die die
Idee unterstützt, dass Selbstliebe nicht nur ein flauschiges
Konzept für Selbsthilfebücher ist. Eine Studie der
Universität Stanford fand heraus, dass Selbstmitgefühl –
ein Schlüsselaspekt der Selbstliebe – eng mit emotionaler
Resilienz verbunden ist. Menschen, die sich selbst mit
Mitgefühl behandeln, können sich schneller von
Rückschlägen erholen.

Ist das nicht faszinierend?

Warum Heiterkeit und positive Gedanken?

In jedem Kapitel dieses Buches erkunden wir, wie Heiterkeit und positive Gedanken nicht bloße Emotionen sind, sondern kraftvolle Werkzeuge, die, wenn sie bewusst eingesetzt werden, unser Leben von Grund auf verändern können. Durch persönliche Geschichten, praktische Übungen und die Weisheit, die sich aus zahlreichen Studien speist, zeige ich Dir Geisteswirbelstürmer , dass Selbstliebe eine Praxis ist – eine, die jeden Tag ein wenig Helligkeit in unser Leben bringt.

Erkenntnisse durch Erlebnisse von einem Geisteswirbelstürmer

Nehmen wir zum Beispiel die Geschichte von Emma, deren Alltag von Stress und Selbstzweifeln überschattet war. Durch die Praxis des positiven Denkens und das bewusste Einladen von Heiterkeit in ihr Leben, fand Emma nicht nur zu einem tieferen Verständnis ihrer selbst, sondern auch zu einem Gefühl der Freude und Leichtigkeit, das sie lange vermisst hatte.

Geisteswirbelstürmer-Tipps:
Freudentagebuch

Als Vorgeschmack auf das, was Sie erwartet, teilen wir eine unserer Lieblingsübungen: Das Führen eines "Freuden-Tagebuchs". Diese einfache, aber transformative Praxis besteht darin, jeden Abend drei Dinge aufzuschreiben, die Ihnen Freude bereitet haben. Diese Übung hilft, den Fokus von dem, was fehlt, auf die Fülle des Lebens zu lenken.

Ein Freudentagebuch ist wie eine magische Schatzkiste für all die kleinen Glücksmomente, die das Leben zu bieten hat. Es ist ein Ort, an dem du die bunten Perlen des Alltags sammeln und die Strahlen der Freude einfangen kannst. Hier sind einige Dinge, die du in einem solchen Tagebuch festhalten könntest:

Tägliche Freuden

Jeden Tag gibt es kleine Momente des Glücks, die wir oft übersehen. Vielleicht war es der erste Schluck deines morgendlichen Kaffees, das Lächeln eines Fremden auf der Straße oder der Anblick eines farbenfrohen Regenbogens nach einem Sommerregen. Schreibe sie auf und lass sie in deinem Tagebuch erstrahlen!

Besondere Erlebnisse

Erinnere dich an die Momente, die dich sprachlos gemacht haben - sei es ein großartiger Erfolg, ein unvergessliches Abenteuer oder eine berührende Begegnung. Diese besonderen Erlebnisse sind wie Diamanten, die dein Leben glitzern lassen.

Dankbarkeit für Beziehungen

Unsere Beziehungen zu anderen Menschen sind oft die Quelle unserer größten Freude. Notiere Momente der Verbundenheit, der Liebe und der Unterstützung, die du durch deine Liebsten erfahren hast. Teile deine Freude mit ihnen und sie wird sich vervielfachen!

Selbstreflexion

Nimm dir Zeit, über deine persönlichen Stärken, Erfolge und auch über Herausforderungen nachzudenken. Was hat dich stolz gemacht? Welche Hindernisse hast du überwunden? Die Reflexion über deine eigene Entwicklung kann eine tiefe Quelle der Freude sein.

Positive Gedanken und Affirmationen

Fülle dein Tagebuch mit positiven Gedanken, Affirmationen und inspirierenden Zitaten, die deine Stimmung heben und dich daran erinnern, dass das Leben voller Möglichkeiten ist. Und vergiss nicht, auch mal über dich selbst zu lachen - ein Lächeln ist oft der beste Weg, um die Stimmung zu heben!

Kreative Ausdrucksformen

Lass deiner Kreativität freien Lauf! Nutze dein Tagebuch als Leinwand für deine Fantasie - sei es durch Zeichnungen, Gedichte, Collagen oder Fotos. Es gibt keine Grenzen, wie du deine Freude ausdrücken kannst.

Wachstum und Entwicklung: Verfolge deine persönliche Entwicklung und Wachstum über die Zeit. Notiere, wie du dich veränderst, welche neuen Fähigkeiten du erwirbst und welche Ziele du erreichst. Jeder Schritt nach vorne ist ein Grund zum Feiern!

Zukünftige Träume und Ziele

Träume groß und lass deine Fantasie die Grenzen des Möglichen überschreiten. Schreibe über deine Träume und Ziele für die Zukunft und visualisiere, wie du sie verwirklichst. Die Vorfreude auf kommende Abenteuer wird deine Tage erhellen und deine Freude vervielfachen!

Ein Freudentagebuch ist wie eine Reise durch ein funkelndes Universum voller Glücksmomente und strahlender Erinnerungen. Indem du regelmäßig Zeit investierst, um über deine Freude zu reflektieren und sie festzuhalten, kannst du deine Lebenszufriedenheit steigern und ein Gefühl der Dankbarkeit und Fülle in deinem Leben erleben. Also lass uns gemeinsam auf die Suche nach den kleinen Wundern des Lebens gehen und sie in unserem Freudentagebuch festhalten!

<u>**Das Tagebuch der Positivität**</u>

Zusätzlich zu diesem Buch "Das Leuchten in Dir." wird es ein Work-Buch geben, das 'Tagebuch der Positivität heißt. Hier finden Sie nicht nur Vorlagen, sondern auch praktische Geisteswirbelstürmer-Tipps, die Sie täglich anwenden können. Denn Heiterkeit und positive Gedanken sind nicht nur für den Moment wichtig, sondern können uns auch langfristig stärken. Das 'Tagebuch der Heiterkeit' wird Ihnen dabei helfen, Ihre Gedanken zu lenken und jeden Tag mit einem Lächeln zu beginnen. Es ist der perfekte Begleiter auf Ihrem Weg zu mehr Freude und Gelassenheit!

Wenn Sie uns anschreiben, (Geisteswirbelstuermer@rdw-traders-club.de) senden wir Ihnen gerne die PDF-Datei kostenfrei zu. Wir möchten sicherstellen, dass Sie alle Ressourcen zur Hand haben, um Ihre Reise zu mehr Positivität und Selbstliebe bestmöglich zu unterstützen. Schreiben Sie uns einfach eine Nachricht, und wir sorgen dafür, dass Sie Zugang zu allen Informationen erhalten, die Sie benötigen. Ihr Wohlbefinden liegt uns am Herzen, und wir sind hier, um Sie auf Ihrem Weg zu unterstützen. Zögern Sie also nicht, uns zu kontaktieren.

Ihre persönlichen Daten werden nach versenden der PDF -Datei auch sofort gelöscht.

Inspirierendes Zitat:

> *"Die größte Revolution unserer Generation ist die Entdeckung, dass wir, indem wir unsere Gedanken ändern, die äußere Welt verändern können."*
>
> *von William James*

Dieses Zitat unterstreicht die Macht des Geistes und die transformative Kraft des positiven Denkens, die Kernthemen dieses Buches sind.

Wissenschaftlicher Rückhalt

Studien, wie die der University of California, haben gezeigt, dass Dankbarkeit und Positivität das Wohlbefinden steigern, Stress reduzieren und sogar unsere physische Gesundheit verbessern können. Diese wissenschaftlichen Erkenntnisse dienen als Fundament für die Strategien und Übungen, die wir in diesem Buch vorstellen.

Was Sie erwartet

"Das Leuchten in Dir." ist eine Einladung, die Farben Ihrer Seele zu entdecken und zu feiern. Es ist eine Reise, die Sie durch die Tiefen der Selbstreflexion führt und Ihnen zeigt, wie Sie durch Heiterkeit, positive Gedanken und die Praxis der Selbstliebe ein Leben voller Freude und Zufriedenheit führen können.

Während Sie diese Seiten umblättern, möge jede Geschichte, jede Übung und jedes Zitat ein Lichtstrahl sein, der den Weg zu tiefer Selbstliebe und wahrer innerer Zufriedenheit beleuchtet. Tauchen Sie ein in die Reise, und erinnern Sie sich daran, dass das größte Geschenk, das Sie sich selbst machen können, die Liebe ist, die von innen strahlt.

Ein Geisteswirbelstürmer-Tipp zum Einstieg

Bevor wir richtig loslegen, hier eine kleine Übung: Nimm dir einen Moment Zeit, tief durchzuatmen und dir selbst eine einfache Frage zu stellen: „Wie geht es mir heute?" Höre wirklich hin, was dein inneres Selbst zu sagen hat. Diese einfache Frage kann der Beginn einer wunderbaren Freundschaft mit dir selbst sein.

Um uns auf die Reise vorzubereiten, denke bitte über diese Worte von Maya Angelou nach.

Inspirierendes Zitat:

„Ich kam nicht auf die Welt, um perfekt zu sein. Ich kam hierher, um ich selbst zu sein."

von Maya Angelou

Ihr

Marcus Rose

Kapitel 1:

Das Fundament der Selbstliebe - Eine Einführung

Willkommen auf der spannenden Reise zur Selbstliebe, ein Abenteuer, das von Innen beginnt und dessen Ziel es ist, das eigene Ich in einem neuen, strahlenden Licht zu sehen. Stellen Sie sich vor, Selbstliebe wäre wie das Gärtnern - eine Kunst, die Geduld, Hingabe und vor allem Liebe erfordert.

Wenn Selbstliebe ein Tanz wäre, dann seid ihr gerade im Begriff, eure ersten Schritte auf das Parkett zu setzen. Und keine Sorge, hier geht es nicht darum, perfekt zu sein. Stolpern ist erlaubt und sogar erwünscht, denn es zeigt, dass wir lernen und wachsen.

Die Bedeutung von Selbstliebe

Selbstliebe klingt für viele wie ein modernes Buzzword, das zwischen Yoga-Stunden und Meditationssessions seinen Platz findet. Doch es ist so viel mehr als das. Es ist die fundamentale Anerkennung, dass du es wert bist, mit Freundlichkeit, Respekt und Fürsorge behandelt zu werden – beginnend bei dir selbst.

Erinnert ihr euch an den Tag, an dem ihr zum ersten Mal versucht habt, Fahrrad zu fahren? Ich schon. Ich war fest entschlossen, ohne Stützräder auszukommen, und – oh Wunder – ich fiel hin. Mehrmals. Aber dann, nach

unzähligen Versuchen und genauso vielen Schürfwunden,
schaffte ich es. Diese Erfahrung lehrte mich zwei Dinge:
Erstens, dass manchmal ein bisschen Schmerz zum
Lernprozess gehört, und zweitens, dass die Freude des
Erfolgs umso süßer ist, wenn man für sie arbeiten muss.
Selbstliebe ist ähnlich. Sie erfordert Arbeit, Geduld und
die Bereitschaft, immer wieder aufzustehen, wenn wir
fallen.

Eine kleine Anekdote

Lassen Sie mich mit einer kleinen, aber bedeutungsvollen
Erzählung beginnen. Es war einmal ein junger
Bambusbaum, der in einem verborgenen Garten wuchs.
Der Gärtner sprach täglich mit ihm, ermutigte ihn und
versorgte ihn mit allem, was er brauchte. Anfangs schien
der Bambus nicht zu wachsen, egal wie viel Sorge und
Liebe der Gärtner investierte. Doch im fünften Jahr, fast
über Nacht, schoss der Bambus in die Höhe. Was der
Gärtner nicht sah, war, dass unter der Erde die Wurzeln
wuchsen, ein starkes Fundament bildeten. Ähnlich verhält
es sich mit der Selbstliebe. Die Veränderungen mögen
nicht sofort sichtbar sein, aber jedes kleine bisschen Liebe,
das wir uns selbst geben, stärkt unsere Wurzeln.

Geisteswirbelstürmer-Tipps:
Eine kleine Affirmation
Der Selbstliebe-Spiegel

Eine Affirmation ist eine positive Aussage oder ein Mantra, das dazu dient, unser Denken zu beeinflussen und uns dabei zu unterstützen, mehr Selbstliebe und Positivität zu entwickeln. Sie sind kraftvolle Werkzeuge, um negative Gedankenmuster zu durchbrechen und unser Unterbewusstsein neu zu programmieren. Im Kapitel 9 'Die Kraft positiver Affirmationen' finden Sie weitere Informationen und praktische Übungen, um Affirmationen in Ihrem täglichen Leben einzusetzen. Tauchen Sie ein und entdecken Sie, wie Sie durch positive Affirmationen Ihre Gedanken und Ihr Leben verändern können!

Beginnen wir mit einer kleinen, aber mächtigen Übung. Stellt euch vor einen Spiegel, schaut euch selbst in die Augen und sagt:

„Ich akzeptiere Dich, genau so, wie du bist."

Fühlt sich komisch an?

Keine Sorge, das ist normal. Wiederholt diese Übung täglich. Ihr werdet feststellen, wie sich eure Selbstwahrnehmung langsam verändert.

Warum Selbstliebe essenziell ist

Untersuchungen zeigen, dass Selbstliebe nicht nur unser emotionales, sondern auch unser physisches Wohlbefinden beeinflusst. Eine Studie der University of Texas fand heraus, dass Menschen mit einem höheren Maß an Selbstliebe weniger anfällig für Stress und Depressionen sind. Das liegt daran, dass Selbstliebe uns eine schützende Barriere gegen die negativen Einflüsse der Welt bietet.

Erkenntnisse durch Erlebnisse von einem Geisteswirbelstürmer

Anna ist eine Freundin von mir, die ständig in der Falle der Selbstkritik und des Vergleichs mit anderen gefangen war. Sie war überzeugt, dass sie nicht schlau, schön oder talentiert genug war. Eines Tages entschied sie sich jedoch, einen Selbstliebe-Workshop zu besuchen. Dieser Workshop veränderte ihr Leben. Sie lernte, ihre eigenen Stärken zu erkennen und zu schätzen, und vor allem hörte sie auf, sich ständig mit anderen zu vergleichen. Anna erkannte, dass Selbstliebe der Schlüssel zu einem glücklicheren und erfüllteren Leben ist.

Zum Nachdenken: Ein inspirierendes Zitat

„Der mutigste Akt ist immer noch, sich selbst laut zu lieben."
Von Maya Angelou

Lasst uns mutig sein. Lasst uns lernen, uns selbst so zu lieben, wie wir es verdienen.

Was wir von Kindern lernen können

Kinder sind Meister der Selbstliebe. Sie kümmern sich nicht darum, was andere denken. Sie lachen laut, spielen frei und lieben bedingungslos. Irgendwann auf unserem Weg ins Erwachsenenalter verlieren wir diese Fähigkeit. Es ist an der Zeit, dass wir sie uns zurückholen.

Praktische Schritte auf dem Weg zur Selbstliebe

- ♥ _Beginne den Tag mit einer positiven Affirmation._
- ♥ _Setze persönliche Grenzen und lerne, Nein zu sagen._
- ♥ _Pflege deinen Körper – er ist dein Tempel._
- ♥ _Umgib dich mit Menschen, die dich aufbauen und unterstützen._
- ♥ _Nimm dir Zeit für Dinge, die dich glücklich machen._

Resümee

Denkt daran, der Weg zur Selbstliebe ist eine Reise, kein Sprint. Es wird Tage geben, an denen es schwerfällt, und das ist in Ordnung. Das Wichtigste ist, dass ihr nicht aufgebt. Ihr seid es wert, geliebt zu werden, vor allem von euch selbst.

Es ist ein Pfad, der Mut erfordert, denn es bedeutet, sich den Spiegel der eigenen Seele vorzuhalten und zu sagen:

"Ich bin genug."

Während dieses Kapitel nur eine Einführung in die umfassende und bereichernde Reise der Selbstliebe bietet, ist es mein Wunsch, dass es Ihnen als Sprungbrett dient, um tiefer in das Verständnis und die Praxis der Selbstliebe einzutauchen. Erinnern Sie sich daran, dass jeder Schritt auf diesem Weg, egal wie klein, ein Schritt in Richtung eines erfüllteren, glücklicheren Selbst ist.

Kapitel 2:

Deine innere Stimme – Sich selbst liebevoll begegnen ! Freund oder Feind?

Glückwunsch! Du hast das erste Kapitel überlebt und weißt jetzt, dass Selbstliebe kein Mythos ist, den nur Einhörner und Feen kennen. Jetzt, da wir das Fundament gelegt haben, ist es Zeit, tiefer zu graben und uns mit einer Stimme zu beschäftigen, die wir alle kennen: unserer inneren Stimme. Ja, genau die Stimme, die dir manchmal sagt, dass du noch ein Stück Kuchen verdient hast (und recht hat sie!) oder die dich um 3 Uhr morgens mit Listen deiner peinlichsten Momente wach hält.

In unserer Reise, in der wir lernen, die Kraft der Worte zu nutzen, um unsere Beziehung zu uns selbst zu stärken. Die Sprache der Selbstliebe zu sprechen, bedeutet, bewusst Worte der Ermutigung, Akzeptanz und Wertschätzung zu wählen – eine Praxis, die unser Selbstwertgefühl nährt und uns auf unserem Weg zur Selbstliebe unterstützt.

Die Macht der inneren Stimme

Unsere innere Stimme ist ein mächtiges Werkzeug. Sie kann uns aufbauen, motivieren und trösten. Aber sie kann auch kritisch, verletzend und demotivierend sein. Die gute Nachricht? Du kannst lernen, diese Stimme zu deinem Verbündeten zu machen, anstatt sie als deinen Feind zu betrachten.

Eine persönliche kurze Geschichte

Ich erinnere mich an den Tag, als meine innere Stimme beschloss, sich in einen Drill-Sergeant zu verwandeln. Ich war auf dem Weg zu einem Vorstellungsgespräch und wiederholte mir selbst, wie unvorbereitet ich war.

„Du wirst das vermasseln", sagte sie."

Aber dann erinnerte ich mich an etwas Wichtiges:

Ich hatte die Kontrolle. Also änderte ich den Ton.

„Du bist vorbereitet. Du kannst das."

Und wisst ihr was? Das Gespräch lief großartig. Das hat mir gezeigt, dass die Art, wie wir mit uns selbst sprechen, unsere Realität formen kann.

Erkenntnisse durch Erlebnisse von einem Geisteswirbelstürmer

Lassen Sie mich die Geschichte von Alex erzähln, der immer sein schärfster Kritiker war. Egal, was er erreichte, seine innere Stimme hatte immer etwas auszusetzen. Eines Tages beschloss Alex, ein Experiment zu wagen: Für jeden negativen Gedanken über sich selbst musste er drei positive Dinge finden, die er an sich mochte. Anfangs fühlte es sich seltsam und ungewohnt an, doch mit der Zeit bemerkte Alex, wie sich seine innere Haltung änderte. Das ständige Flüstern der Selbstkritik wurde leiser und machte einer freundlicheren, unterstützenden Stimme Platz. Alex lernte, die Sprache der Selbstliebe zu sprechen.

Geisteswirbelstürmer-Tipps:
Der innere Dialog

Nehmen wir uns einen Moment Zeit für eine Übung. Finde einen ruhigen Ort und schreibe zwei Listen. Auf der einen Liste stehen alle negativen Dinge, die deine innere Stimme sagt. Auf der anderen Liste verwandelst du jede negative Aussage in eine positive. Zum Beispiel: „Ich kann das nicht" wird zu „Ich kann alles lernen, was ich brauche". Diese Übung kann dir helfen, bewusster mit deiner inneren Stimme umzugehen und sie positiv zu gestalten.

(siehe Tagebuch der Positivität Seite ....)

Geisteswirbelstürmer-Tipps:
3-für-1-Selbstliebe

Versuchen Sie Alex' Methode der "3-für-1-Selbstliebe". Jedes Mal, wenn Sie sich dabei ertappen, dass Sie sich selbst kritisieren oder herabsetzen, halten Sie inne und finden Sie drei positive, liebevolle Dinge über sich selbst. Schreiben Sie diese auf, um ihre Wirkung zu verstärken.

Inspirierendes Zitat:

> Sprich zu dir selbst wie zu jemandem, den du liebst.
>
> von Brené Brown

Dieses einfache, aber mächtige Zitat von Brené Brown erinnert uns daran, die Macht unserer eigenen Worte zu erkennen und sie als Werkzeug für Selbstliebe und Selbstakzeptanz zu nutzen.

Die Wissenschaft.
Eine Studie, die inspiriert.

Untersuchungen haben gezeigt, dass Selbstmitgefühl und eine positive innere Dialogführung eng mit psychischem Wohlbefinden und einer geringeren Neigung zu Depression und Angst verbunden sind. Eine Studie der University of Texas entdeckte, dass Teilnehmer, die regelmäßig Selbstmitgefühlsübungen praktizierten, signifikante Verbesserungen in Bezug auf Glück und Lebenszufriedenheit erlebten.

Eine weitere Studie, die inspiriert

Interessanterweise zeigt die Forschung, dass der Ton unserer inneren Stimme unseren Stresslevel beeinflussen kann. Eine Studie der University of Pennsylvania fand heraus, dass Menschen, die freundlich und unterstützend mit sich selbst sprechen, weniger Stress und Angst erleben. Das zeigt, wie wichtig es ist, eine positive innere Dialogführung zu pflegen.

Inspirierendes Zitat

> *"Die schönste Entscheidung, die wir treffen können, ist, uns selbst zu lieben."*
> *von Unbekannt.*

Dieses Zitat fängt die Essenz der Selbstliebe ein – eine Entscheidung, die wir jeden Tag aufs Neue treffen müssen. Es ist eine Einladung, uns selbst genauso zu akzeptieren und zu schätzen, wie wir sind.

Noch eine weitere Studie, die inspiriert

Untersuchungen an der Stanford University haben gezeigt, dass Selbstmitgefühl – ein Schlüsselelement der Selbstliebe – dazu beitragen kann, Stress zu reduzieren und das allgemeine Wohlbefinden zu fördern. Die Studie legt nahe, dass die Art und Weise, wie wir mit uns selbst sprechen, einen tiefgreifenden Einfluss auf unsere psychische Gesundheit hat.

Erkenntnisse durch Erlebnisse von einem Geisteswirbelstürmer

Emma war eine Freundin, die ständig von Selbstzweifeln geplagt wurde. Ihre innere Stimme war ihr größter Kritiker. Aber durch Achtsamkeitsübungen und das bewusste Ändern ihrer inneren Dialoge konnte Emma ihre innere Stimme in eine Quelle der Stärke verwandeln. Heute ist sie eine erfolgreiche Unternehmerin, die anderen beibringt, wie sie dasselbe tun können.

Inspirierendes Zitat

Sei vorsichtig, wie du mit dir selbst sprichst, denn du hörst zu.“

von Lisa M. Hayes

Lassen wir uns das auf der Zunge zergehen. Unsere innere Stimme hat Macht, aber wir haben die Kontrolle darüber, wie wir diese Macht nutzen.

Was wir von unseren Fehlern lernen können

Unsere innere Stimme neigt dazu, sich besonders laut zu melden, wenn wir Fehler machen. Aber hier ist ein Gedanke: Was, wenn wir jeden Fehler als Chance zum Lernen und Wachsen betrachten? Plötzlich wird die Stimme, die sagt: „Du hast versagt", zu einer Stimme, die fragt: „Was können wir daraus lernen?"

Fehlerfreundlichkeit - Lernen, sich selbst Fehler zu verzeihen

jetzt widmen wir uns der Fehlerfreundlichkeit, einer Haltung, die uns ermutigt, Fehler als wertvolle Lerngelegenheiten zu betrachten, statt als Hindernisse auf unserem Weg.

Erkenntnisse durch Erlebnisse von einem Geisteswirbelstürmer

Ich erinnere mich an Tom, der sich entschloss, Italienisch zu lernen, und sich voller Enthusiasmus in die Sprache stürzte. Seine erste Unterhaltung mit einem Muttersprachler war jedoch alles andere als fließend – er verwechselte Wörter, seine Sätze machten kaum Sinn, und das Gespräch endete in einem Fiasko. Anstatt sich jedoch entmutigen zu lassen, lachte Tom über sich selbst und sah diesen Fehlschlag als Ansporn, weiter zu lernen. Monate später führte er fließende Gespräche und hatte Freunde in ganz Italien gefunden. Toms Geschichte lehrt uns, dass das Akzeptieren und Umarmen unserer Fehler der Schlüssel zu Wachstum und Erfolg ist.

Geisteswirbelstürmer-Tipps:
Fehlertagebuch

Das Fehlertagebuch: Führe ein Tagebuch, in dem Du täglich festhältst, welche Fehler Du gemacht hast und was Du daraus gelernt hast. Diese Praxis hilft, den negativen Beigeschmack von Fehlern zu entfernen und sie stattdessen als Schritte auf Ihrem persönlichen Wachstumspfad zu sehen.

Inspirierendes Zitat

"

> Fehler sind nicht das Gegenteil von Erfolg, sondern Teil des Erfolgs."
>
> von Arianna Huffington

Dieses Zitat von Arianna Huffington erinnert uns daran, dass Fehler unvermeidlich sind, wenn wir uns herausfordern und neue Dinge ausprobieren. Sie sind nicht das Ende unserer Reise, sondern wichtige Meilensteine auf dem Weg zum Erfolg.

Die Wissenschaft.
Eine Studie , die inspiriert.

Eine Studie der Stanford University zeigte, dass eine fehlerfreundliche Einstellung das Lernen und die kognitive Flexibilität fördert. Teilnehmer, die lernten, Fehler positiv zu betrachten, zeigten eine höhere Bereitschaft, Risiken einzugehen und aus ihren Misserfolgen zu lernen.

Praktische Tipps, um deine innere Stimme zu deinem Verbündeten zu machen

- ♥ Achtsamkeit praktizieren – Sei dir bewusst, was deine innere Stimme sagt, ohne zu urteilen.
- ♥ Positive Affirmationen nutzen – Beginne deinen Tag mit positiven Aussagen über dich selbst. (Mehr dazu im Kapitel Affirmationen)
- ♥ Fehlertagebuch führen - Schreibe täglich auf, welche Fehler Du gemacht hast reflektiere Dich und lerne aus Fehlern rede Dir gut zu
- ♥ Dankbarkeitstagebuch führen – Schreibe täglich auf, wofür du dankbar bist. Es hilft, den Fokus auf das Positive zu lenken. Mehr dazu im Kapitel Dankbarkeit
- ♥ Selbstmitgefühl üben – Behandle dich selbst mit der gleichen Freundlichkeit und Verständnis, die du einem guten Freund entgegenbringen würdest.

Resümee

Deine innere Stimme ist ein mächtiger Teil von dir. Sie kann dein größter Cheerleader oder dein härtester Kritiker sein. Die Wahl liegt bei dir. Indem du lernst, diese Stimme zu zähmen und positiv zu gestalten, öffnest du die Tür zu einem Leben voller Selbstliebe, Zuversicht und Glück.

Das Kapitel fordert uns auf, eine fehlerfreundliche Haltung zu kultivieren – uns selbst zu erlauben, Fehler zu machen, aus ihnen zu lernen und weiterzumachen. Wie Toms Erfahrung zeigt, kann die Bereitschaft, Fehler zu

umarmen und sich selbst Mitgefühl zu zeigen, uns auf
unerwartete Wege führen und unser Leben bereichern.

Möge dieses Kapitel Ihnen die Freiheit geben, sich selbst
gegenüber nachsichtig zu sein und die Schönheit im
Unvollkommenen zu sehen. Erinnern Sie sich daran, dass
jeder Fehltritt Sie näher an Ihre Ziele bringt und dass die
wahre Kunst der Selbstliebe darin besteht, sich selbst in
allen Facetten zu akzeptieren.

Die Sprache, die wir wählen, um mit uns selbst zu
sprechen, formt unsere Realität und beeinflusst, wie wir
uns selbst und die Welt um uns herum sehen. Indem wir
üben, uns selbst mit Liebe und Mitgefühl zu begegnen,
öffnen wir die Tür zu einem erfüllteren Leben. Wie Alex'
Geschichte zeigt, kann der Wechsel von Selbstkritik zu
Selbstliebe eine transformative Wirkung haben, die weit
über das eigene Wohlbefinden hinausgeht.

Dieses Kapitel soll Sie dazu ermutigen, die Sprache der
Selbstliebe zu kultivieren und sich selbst mit derselben
Freundlichkeit und Wertschätzung zu begegnen, die Sie
anderen entgegenbringen. Erinnern Sie sich daran, dass
jede Veränderung Zeit braucht und der Schlüssel zur
Veränderung in der Konstanz liegt. Möge Ihre Reise zur
Selbstliebe von Worten der Güte und Akzeptanz begleitet
sein.

Kapitel 3:

Das Spiegelbild der Freude: Sich selbst erkennen

Betreten wir das dritte Kapitel unserer Reise zur Selbstliebe, indem wir uns einem Spiegel der besonderen Art stellen – einem Spiegel, der tiefer reflektiert als das bloße Äußere. Er zeigt uns das Echo unserer inneren Freude und das Licht, das wir in die Welt tragen. Inspiriert von Vera F. Birkenbihls unnachahmlicher Art, die Welt zu betrachten, erkunden wir, wie Selbstwahrnehmung und Heiterkeit Hand in Hand gehen.

Erkenntnisse durch Erlebnisse von einem Geisteswirbelstürmer

Erinnern Sie sich an den letzten Moment, in dem Sie wirklich gelacht haben?

Ich meine, ein tiefes, von Herzen kommendes Lachen, das alle Sorgen für einen Moment vergessen lässt. Für mich war dieser Moment, als ich versuchte, meinem Kater Yoga beizubringen. Ja, Sie haben richtig gehört. Da stand ich, in der Pose des Kriegers, während mein Kater entschied, dass dies der perfekte Moment sei, um zwischen meine Beine zu springen und mich zu einem unfreiwilligen Salto zu inspirieren. In diesem Moment der Heiterkeit erkannte ich: Freude kommt oft unerwartet und in den einfachsten Dingen.

Geisteswirbelstürmer-Tipps: Lächeln

Lassen Sie uns eine kleine Übung durchführen.

Nehmen Sie sich einen Moment Zeit und lächeln Sie –
jetzt gleich, während Sie dies lesen.

Es mag albern erscheinen, aber Studien zeigen, dass das
einfache Akt des Lächelns, selbst wenn es erzwungen ist,
biochemische Veränderungen in Ihrem Gehirn bewirken
kann, die zu echter Freude führen. Dieses kleine
Experiment unterstreicht die Kraft unserer eigenen
Aktionen, unsere Stimmung und unsere
Selbstwahrnehmung zu beeinflussen.

Inspirierendes Zitat:

*"Freude ist nicht in Dingen;
sie ist in uns."*

von Richard Wagner

Dieses Zitat erinnert uns daran, dass die Quellen wahrer
Freude und Heiterkeit in uns selbst liegen. Es geht nicht
darum, was wir haben, sondern wie wir die Welt sehen
und welche Haltung wir zum Leben einnehmen.

Die Wissenschaft.
Eine Studie zum Lachen, die inspiriert.

Forscher der Universität Lachen (ja, die gibt es wirklich, zumindest in meinem heiteren Universum) haben herausgefunden, dass Menschen, die regelmäßig Zeit in der Natur verbringen und bewusst die Schönheit um sich herum wahrnehmen, ein höheres Maß an Zufriedenheit und innerer Freude berichten. Diese Verbindung zur Natur und die bewusste Wahrnehmung des Augenblicks sind Schlüsselaspekte auf dem Weg zur Selbstliebe.

Resümee

Sich selbst im Spiegel der Freude zu sehen, bedeutet, die kleinen Dinge zu schätzen, die ein Lächeln auf unser Gesicht zaubern. Es geht darum, sich selbst mit Freundlichkeit und Humor zu begegnen und zu erkennen, dass die Fähigkeit zur Freude und Liebe in uns selbst liegt. Möge dieses Kapitel Sie ermutigen, die Heiterkeit in Ihrem Leben zu umarmen und sich selbst durch eine Linse der Liebe und des Lachens zu sehen.

Dieses Kapitel soll ein Leitfaden sein, der Ihnen hilft, die Freude an sich selbst neu zu entdecken und zu erkennen, wie sehr Sie es verdienen, geliebt zu werden – beginnend bei der Liebe zu sich selbst.

Kapitel 4:

Das Fundament der Selbstakzeptanz bauen. Dein Schlüssel zu innerem Frieden

Herzlich willkommen zum nächsten Kapitel unserer Reise, in dem wir das wohl stabilste und zugleich unterschätzteste Fundament bauen werden, das es gibt: die Selbstakzeptanz. Stell dir vor, Selbstakzeptanz ist wie das Fundament eines Hauses – ohne ein solides Fundament kann das Haus nicht stehen, egal wie schön die Tapeten sind. Die Kunst, sich selbst zu umarmen, ist wie das Anlegen eines inneren Gartens, der Pflege, Geduld und vor allem eine Menge Selbstakzeptanz benötigt.

Bevor wir uns in die Welt der Selbstakzeptanz vertiefen, lass uns darüber sprechen, warum sie von entscheidender Bedeutung ist. In unserer oft selbstkritischen Welt neigen wir dazu, uns selbst zu beurteilen und zu verurteilen. Die Kunst der Selbstakzeptanz ist der Schlüssel, der uns hilft, uns selbst so anzunehmen, wie wir sind, und inneren Frieden zu finden. Studien haben gezeigt, dass Selbstakzeptanz das Selbstwertgefühl stärkt und das psychische Wohlbefinden fördert.

Selbstakzeptanz vs. Selbstverbesserung

Es herrscht oft die Annahme, dass Selbstakzeptanz bedeutet, sich nie wieder verbessern zu wollen. Das ist so, als würde man sagen: „Ich habe mich dazu entschlossen, Schokolade zu lieben, also werde ich nie wieder Gemüse essen." Absurd, oder?

Selbstakzeptanz bedeutet, sich selbst in diesem Moment vollständig anzunehmen und dennoch offen für Wachstum und Veränderung zu sein. Es geht darum, deine eigene beste Freundin oder dein eigener bester Freund zu sein – jemand, der dich unterstützt, egal was passiert.

Warum Selbstakzeptanz so wichtig ist

Meine eigene Selbstakzeptanzreise

Ich erinnere mich an eine Zeit in meinem Leben, in der ich mir selbst hohe Maßstäbe gesetzt habe und nie zufrieden war. Doch dann begann ich die Reise zur Selbstakzeptanz. Ich lernte, meine Fehler und Unvollkommenheiten zu akzeptieren und mich selbst zu lieben, wie ich bin.

Diese Reise hat mein Leben auf wunderbare Weise verändert und mir inneren Frieden und Selbstliebe geschenkt.

Geisteswirbelstürmer-Tipps: Der Brief der Selbstakzeptanz

Nimm dir einen Moment Zeit und schreibe einen Brief an dich selbst, in dem du dich für all deine Stärken lobst und deine Schwächen akzeptierst. Dies ist kein Brief der Selbstkritik, sondern einer der Selbstliebe und des Mitgefühls. Wenn du fertig bist, lege den Brief beiseite und lese ihn in einer Woche noch einmal. Du wirst überrascht sein, wie kraftvoll deine eigenen Worte sein können.

Geisteswirbelstürmer-Tipps: *Erfolgstagebuch*

Eine einfache, aber kraftvolle Übung zur Förderung der Selbstakzeptanz ist das Führen neben dem Freude - Tagebuch ein "Erfolge - Tagebuchs" zu führen . Jeden Abend notieren Sie drei Dinge, die Sie an diesem Tag gut gemacht haben oder für die Sie sich selbst Anerkennung geben möchten. Diese Praxis hilft, den Fokus von selbstkritischen Gedanken auf Ihre Stärken und Erfolge zu verlagern. Denken Sie daran auch Kleinigkeiten sind Erfolge

Ein Erfolgstagebuch ist wie der persönliche Coach, der dich auf deinem Weg zu deinen Zielen begleitet und dir hilft, deine Erfolge zu feiern. Es ist mehr als nur ein Tagebuch - es ist ein mächtiges Werkzeug, um deine Fortschritte und Erfolge festzuhalten. Doch was genau gehört in ein solches Tagebuch?

Lass mich dir einige Ideen geben, die dir helfen werden, das Beste aus deinem Erfolgstagebuch herauszuholen.

Tägliche Erfolge: Jeden Tag gibt es kleine Siege zu feiern, sei es das Erledigen einer lästigen Aufgabe, das Erreichen eines persönlichen Meilensteins oder einfach nur das Überwinden einer Herausforderung. Schreibe diese Erfolge auf, denn sie sind die Bausteine deines Erfolgsgebäudes.

Selbstentwicklung

Das Leben ist eine Reise der persönlichen Entwicklung und des Wachstums. Verwende dein Tagebuch, um deine Fortschritte zu verfolgen, neue Fähigkeiten zu erkunden und dich als Person weiterzuentwickeln. Jeder Tag bietet die Möglichkeit, ein bisschen besser zu werden als gestern.

Gratulationen an dich selbst

Vergiss nicht, dir selbst Anerkennung und Lob zu geben. Schreibe dir selbst Briefe oder Notizen, in denen du deine Erfolge feierst und dir selbst Mut machst. Du bist der Held deiner eigenen Geschichte!

Ein Erfolgstagebuch ist wie eine Schatzkarte, die dich zu deinen Träumen führt. Es ist ein mächtiges Instrument, um deine Ziele zu erreichen, deine Fortschritte zu verfolgen und deine persönliche Entwicklung zu fördern. Indem du regelmäßig Zeit investierst, um deine Erfolge zu reflektieren und deine Ziele zu überdenken, kannst du dich motivieren, inspirieren und auf dem Weg zum Erfolg bleiben. Also schnapp dir ein Tagebuch und beginne noch heute, deine Erfolgsreise festzuhalten!

(Siehe dazu das „Tagebuch der Positivität")

> *"Um tief in der Welt verwurzelt zu sein,*
> *müssen wir zuerst tief in uns selbst*
> *verwurzelt sein."*
>
> *von Lao Tzu*

Dieses Zitat unterstreicht die Bedeutung der Selbstakzeptanz als Grundlage für ein erfülltes Leben. Indem wir lernen, uns selbst zu schätzen, öffnen wir die Tür, um auch die Welt um uns herum voller Liebe und Akzeptanz zu umarmen.

<u>Die Wissenschaft hinter der Selbstakzeptanz</u>

Studien haben gezeigt, dass Menschen, die ein hohes Maß an Selbstakzeptanz haben, tendenziell weniger Stress und ein höheres Maß an Lebenszufriedenheit erfahren. Eine Studie der University of Hertfordshire fand heraus, dass Selbstakzeptanz der Schlüssel zu einem glücklicheren Leben sein könnte, aber paradoxerweise ist es die Sache, die die meisten Menschen am wenigsten praktizieren.

Forscher der Universität Stanford haben herausgefunden, dass Selbstmitgefühl – ein Schlüsselelement der Selbstakzeptanz – eng mit emotionaler Resilienz, Zufriedenheit und einem geringeren Risiko für psychische Erkrankungen verbunden ist. Die Studie legt nahe, dass die Art und Weise, wie wir mit uns selbst sprechen und umgehen, einen signifikanten Einfluss auf unser Wohlbefinden hat.

Inspirierendes Zitat

Der größte Akt der Liebe, den du vollbringen kannst, ist der Akt der Akzeptanz von dir selbst, genau so, wie du bist.

von Maxime Lagacé

Lernen, unsere Fehler zu umarmen

Selbstakzeptanz bedeutet auch, unsere Fehler zu umarmen. Ich erinnere mich an eine Situation , als ich versuchte, ein neues Rezept auszuprobieren, und es endete in einer kulinarischen Katastrophe. Anstatt mich selbst zu kritisieren, musste ich lachen. Diese Fähigkeit, über sich selbst zu lachen und Fehler zu akzeptieren, ist ein zentraler Bestandteil der Selbstakzeptanz.

Praktische Schritte zur Selbstakzeptanz

- 🤍 Erkenne deine Gedanken – Achte auf die Momente, in denen du dich selbst kritisierst.
- 🤍 Positive Selbstgespräche – Ersetze selbstkritische Gedanken durch positive und unterstützende Selbstgespräche.
- 🤍 Praktiziere Selbstmitgefühl – Behandle dich selbst mit der gleichen Freundlichkeit wie einen geliebten Menschen.
- 🤍 Setze realistische Ziele – Akzeptiere, wo du jetzt bist, und setze Ziele, die herausfordernd, aber erreichbar sind.
- 🤍 Feiere kleine Siege – Jeder Schritt in Richtung Selbstakzeptanz ist ein Grund zum Feiern.
- 🤍 Suche Unterstützung – Manchmal brauchen wir jemanden, der uns daran erinnert, wie weit wir gekommen sind.
- 🤍 Selbstpflege – Sorge gut für dich selbst und nähre deine Seele.
- 🤍 Erfolgstagebuch führen – Schreiben Sie täglich ihre Erfolge auf. Es hilft, den Fokus auf das erreichte zu lenken.

Resümee

Selbstakzeptanz ist eine Reise, kein Ziel. Es ist ein ständiger Prozess des Lernens, Sich-Selbst-Verzeihens und Vorwärtsbewegens. Indem wir üben, uns selbst zu akzeptieren, bauen wir ein solides Fundament, auf dem wir ein erfülltes und glückliches Leben aufbauen können.

Die Kunst, sich selbst zu umarmen, ist ein lebenslanger Prozess, der Mut und Hingabe erfordert. Es geht darum, sich selbst in all seinen Facetten zu erkennen, zu akzeptieren und zu lieben.

Die Kunst der Selbstakzeptanz ist ein Geschenk, das wir uns selbst machen können. Sie erinnert uns daran, dass wir wertvoll und liebenswert sind, so wie wir sind. Auf unserer Reise zur Selbstliebe, Heiterkeit und positiven Gedanken ist die Selbstakzeptanz unser treuer Begleiter. Lass uns also gemeinsam uns selbst annehmen, uns lieben und inneren Frieden finden.

Indem wir dieses Kapitel abschließen, ermutige ich Sie, die Praxis der Selbstakzeptanz in Ihr tägliches Leben zu integrieren. Seien Sie sanft zu sich selbst, feiern Sie Ihre Erfolge und erinnern Sie sich daran, dass jeder von uns einzigartig und wertvoll ist. Die Reise der Selbstliebe beginnt mit dem ersten Schritt der Selbstakzeptanz.

Kapitel 5:

Vergangene Schatten loslassen Dein Schlüssel zur inneren Freiheit

Willkommen zu Kapitel fünf, in dem wir lernen, wie man die Rucksäcke voller vergangener Sorgen, Ängste und Peinlichkeiten, die wir mit uns herumschleppen, ablegt. Ja, ich spreche von diesen Rucksäcken, die schwerer sind als mein ganzes emotional unaufgeräumtes Zimmer während meiner Teenagerjahre.

Das Gewicht der Vergangenheit

Wir alle haben – diese Momente aus der Vergangenheit, die uns nachts wach halten. „Hätte ich nur…" und „Was wäre, wenn…" tanzen Gedanken in unseren Köpfen herum wie ein ungeladener Gast auf einer Party. Aber hier ist die Wahrheit: Das Festhalten an der Vergangenheit ist wie das Gehen, an einem Regentag, ohne einem Regenschirm, in der Hoffnung, dass es nicht mehr regnet – es ist einfach nicht hilfreich.

Warum Loslassen so wichtig ist

Bevor wir uns in die Welt des Loslassens vertiefen, lass uns darüber sprechen, warum es von entscheidender Bedeutung ist. In unserem Leben sammeln wir oft Ballast in Form von alten Verletzungen, Ängsten und Sorgen an. Die Kunst des Loslassens ist der Schlüssel, der uns hilft, uns von diesem Ballast zu befreien, inneren Frieden zu finden und Raum für Neues zu schaffen. Studien haben gezeigt, dass Loslassen Stress reduziert, die Lebensqualität steigert und das Wohlbefinden fördert.

Meine eigene Loslassens - Reise

Ich erinnere mich an eine Zeit in meinem Leben, in der ich mich an vergangenen Schmerzen und Enttäuschungen festklammerte. Dieser Ballast wog schwer auf mir. Doch dann erkannte ich die befreiende Kraft des Loslassens. Ich begann, bewusst loszulassen und mich von Dingen zu trennen, die mich belasteten. Diese Reise zum Loslassen hat mein Leben auf wundersame Weise erleichtert und mir Raum für neue Möglichkeiten gegeben.

Geisteswirbelstürmer-Tipps:
Der Ballon der Vergangenheit

Versuchen Sie die „Ballon-Übung" zum Loslassen: Schreiben Sie auf ein Stück Papier, was Sie loslassen möchten (z.B. einen alten Groll, eine gescheiterte Beziehung, einen nicht mehr relevanten Traum).

Binden Sie das Papier an einen Ballon und lassen Sie den Ballon los. Beobachten Sie, wie er in den Himmel steigt und verschwindet, und stellen Sie sich vor, wie Ihre Lasten mit ihm schwinden.

Dies symbolisiert das Loslassen und kann eine kraftvolle Übung sein, um emotional weiterzuziehen.

Inspirierendes Zitat:

Manchmal muss man loslassen, um zu sehen, ob da noch was zurückkommt.

von Unbekannt

Dieses Zitat erinnert uns daran, dass Loslassen auch ein Test der Beständigkeit und des Wertes ist. Was zu uns gehört, findet seinen Weg zurück, und was geht, schafft Platz für Neues.

Geisteswirbelstürmer-Tipps:
Die Loslass-Meditation

Loslassen ist eine Fähigkeit, die wir alle stärken können, und eine praktische Übung dafür ist die Loslass-Meditation.

Setzen Sie sich an einen ruhigen Ort, schließen Sie die Augen und atmen Sie tief ein und aus. Stellen Sie sich vor, wie Sie mit jedem Ausatmen Ballast und Sorgen auf eine Wolke setzen, die sich von Ihnen entfernt und losgelassen wird. Diese Meditation ist wie eine leichte Brise, die frischen Wind in Ihr Leben bringt und Ihnen hilft, inneren Frieden zu finden. Lassen Sie los und spüren Sie, wie Ihre Lasten davonfliegen!

Die Wissenschaft.
Eine Studie zum Loslassen, die inspiriert.

Forschungen zeigen, dass das Festhalten an negativen und Emotionen physische und psychische Gesundheitsprobleme verursachen kann. Eine Studie der Harvard University fand heraus, dass das Praktizieren von Vergebung – sich selbst und anderen gegenüber – Stress reduzieren, das Wohlbefinden verbessern und die Lebensqualität steigern kann.

Inspirierendes Zitat

Loslassen bedeutet nicht, dass man aufgibt, sondern dass man erkennt, dass es einige Dinge gibt, die nicht sein sollen.

von Unbekannt

Praktische Schritte zum Loslassen

- 💜 Anerkennen und akzeptieren – Erkenne deine Gefühle an und akzeptiere, dass die Vergangenheit passiert ist und nicht geändert werden kann.
- 💜 Ausdrücken, nicht unterdrücken – Finde einen gesunden Weg, deine Emotionen auszudrücken, sei es durch Sport, Schreiben, Kunst oder Gespräche mit einem vertrauensvollen Freund.
- 💜 Entscheiden, loszulassen – Das Loslassen ist eine bewusste Entscheidung. Erinnere dich täglich daran, dass du dich dazu entschieden hast, vorwärts zu gehen.
- 💜 Dankbarkeit üben – Konzentriere dich auf das, was du in deinem Leben hast, und sei dankbar dafür. Dies hilft, den Fokus von der Vergangenheit auf die Gegenwart zu verschieben. (mehr dazu im Kapitel 7)
- 💜 Suche nach Lektionen – Versuche, aus jeder Erfahrung eine Lektion zu ziehen. Dies kann helfen, den Schmerz in Weisheit zu verwandeln.
- 💜 Meditation – Praktiziere regelmäßig Loslass-Meditationen, um Ballast loszulassen.
- 💜 Akzeptanz – Akzeptiere, dass Veränderungen Teil des Lebens sind und dass Loslassen ein natürlicher Prozess ist.
- 💜 Selbstfürsorge – Sorge gut für dich selbst, um die Stärke und das Vertrauen zum Loslassen zu entwickeln.

Resümee

Das Loslassen von dem, was uns nicht mehr dient, ist ein mutiger Schritt auf dem Weg zur Selbstverwirklichung und zum Wachstum. Es erfordert, dass wir ehrlich zu uns selbst sind und das Vertrauen haben, dass das, was vor uns liegt, besser ist als das, was wir hinter uns lassen.

Während wir dieses Kapitel abschließen, möge es dich Geisteswirbelstürmer ermutigen, in Deinem / Ihrem eigenen Leben auszumisten – emotional, geistig und physisch – um Raum für Wachstum und neue Möglichkeiten zu schaffen. Erinnern Sie sich daran, dass jeder Abschied ein neuer Anfang ist und dass in jedem Ende die Saat für einen neuen Anfang liegt.

Das Loslassen vergangener Schatten ist ein Akt der Befreiung. Es erfordert Mut, Vergebung und die Bereitschaft, sich dem Unbekannten der Zukunft zu öffnen. Erinnere dich daran, dass jeder Tag eine neue Chance ist, das Buch deines Lebens neu zu schreiben. Lass die Seiten der Vergangenheit umblättern und fange an, deine Geschichte mit Hoffnung, Liebe und Freude zu füllen.

Die Kunst des Loslassens ist ein Geschenk, das wir uns selbst machen können. Sie erinnert uns daran, dass innerer Frieden und Freiheit in der Fähigkeit zum Loslassen liegen. Auf unserer Reise zur Selbstliebe, Heiterkeit und positiven Gedanken ist das Loslassen unser treuer Begleiter.

Lass uns also gemeinsam loslassen, frische Luft und Licht in unser Leben lassen und das Leben in vollen Zügen genießen.

Kapitel 6:

Die Kunst der Vergebung:
Dein Weg zur inneren Freiheit

Willkommen im nächsten Kapitel unserer Reise, das sich der Kunst der Vergebung widmet. Vergebung ist wie ein befreiender Atemzug, der uns inneren Frieden schenkt und unsere Herzen erleichtert.

Die Kunst der Vergebung

Ein wesentlicher Aspekt des Loslassens ist die Vergebung. Vergebung bedeutet nicht, das Verhalten einer anderen Person zu billigen oder zu vergessen, was passiert ist. Es bedeutet, sich von dem Gewicht zu befreien, das uns zurückhält. Es geht darum, Frieden mit der Vergangenheit zu schließen, damit wir uns frei in die Zukunft bewegen können

Warum Vergebung so wichtig ist

Bevor wir uns in die Welt der Vergebung vertiefen, lass uns darüber sprechen, warum sie von entscheidender Bedeutung ist. Im Leben werden wir oft von Enttäuschungen, Konflikten und Schmerzen heimgesucht. Die Kunst der Vergebung ist der Schlüssel, der uns hilft, alte Wunden zu heilen, inneren Frieden zu finden und unser Herz für Liebe und Mitgefühl zu öffnen. Studien *haben gezeigt, dass Vergebung unsere psychische Gesundheit verbessert und unsere Beziehungen stärkt.*

<u>**Meine eigene Vergebungsreise**</u>

Ich erinnere mich an eine Zeit in meinem Leben, in der ich schwer verletzt wurde. Ich trug den Schmerz und die Wut jahrelang in mir.

Doch dann beschloss ich, den Weg der Vergebung zu gehen. Es war keine leichte Reise, aber sie brachte mir die Freiheit und den inneren Frieden, nach dem ich mich gesehnt hatte. Die Kunst der Vergebung hat mein Herz geöffnet und mein Leben bereichert.

<u>Geisteswirbelstürmer-Tipps: Der Vergebungsbrief</u>

Eine praktische Übung, um deine Vergebungsfähigkeit zu stärken, ist das Schreiben eines Vergebungsbriefs. Setze dich hin, nimm dir Zeit und schreibe einen Brief an die Person, die dich verletzt hat. Drücke deine Gefühle aus und teile deine Bereitschaft zur Vergebung mit. Dieser Akt kann eine befreiende Wirkung haben.

Der Brief muss auch nicht abgeschickt werden.

<u>Erkenntnisse durch Erlebnisse von einem Geisteswirbelstürmer</u>

Lerne Michaela kennen, eine bemerkenswerte Frau, die durch die Kunst der Vergebung einen tiefgreifenden Wandel in ihrem Leben erlebte. Sie hatte schwere Konflikte und Enttäuschungen erlebt, aber sie lernte, den Weg der Vergebung zu gehen. Heute lebt sie in Frieden und ist ein inspirierendes Beispiel für die heilende Kraft der Vergebung.

> *Vergeben ist nicht für den anderen.*
>
> *Es ist für dich. Es ist die Befreiung von deinem eigenen Gefängnis.*
>
> *von Unbekannt*

Praktische Schritte zum Loslassen

Vergebung ist ein Geschenk, das wir uns selbst machen können. Zu den Werkzeugen der Vergebung gehören:

- Selbstreflexion – Nimm dir Zeit, um deine eigenen Gefühle und Gedanken zu erkunden und zu verstehen.
- Empathie – Versuche, die Sichtweise der anderen Person zu verstehen und Empathie für sie zu entwickeln.
- Loslassen – Lerne, alte Groll und Wut loszulassen, um Platz für Vergebung zu schaffen.
- Gespräch – Führe ein ehrliches Gespräch mit der Person, die dich verletzt hat, um Missverständnisse auszuräumen.
- Selbstvergebung – Vergiss nicht, dir selbst zu vergeben und liebevoll mit dir umzugehen.

Resümee

Die Kunst der Vergebung ist ein Geschenk, das wir uns selbst und anderen machen können. Sie erinnert uns daran, dass Vergebung Freiheit und inneren Frieden bringt. Auf unserer Reise zur Selbstliebe, Heiterkeit und positiven Gedanken ist die Vergebung unser treuer Begleiter. Lass uns also gemeinsam vergeben, unser Herz öffnen und das Leben in vollen Zügen genießen.

https://www.istockphoto.com/de -Künstler: RomoloTavani Istockphoto
Stock-Illustration-ID 1141549703, Scribbr, 10. April -2019

Kapitel 7:

Dankbarkeit – Die Kraft der Dankbarkeit: Dein Schlüssel zum Glück und zur Positivität

Wenn Dankbarkeit ein Gewürz wäre, dann wäre es das Salz in der Suppe des Lebens – ein kleines bisschen kann den ganzen Topf verwandeln. In diesem Kapitel werden wir erkunden, wie Dankbarkeit nicht nur unsere Suppe würzt, sondern auch unser Leben mit einer Geschmackstiefe füllt, die wir uns nie hätten vorstellen können.

Warum Dankbarkeit so wichtig ist

Bevor wir uns in die Welt der Dankbarkeit vertiefen, lass uns darüber sprechen, warum sie von entscheidender Bedeutung ist. In unserer schnelllebigen Welt vergessen wir oft, die Schönheit und Fülle des Lebens zu schätzen. Dankbarkeit ist der Schlüssel, der uns hilft, das Glück in den kleinen Dingen zu sehen und unsere Lebenszufriedenheit zu steigern. Studien haben gezeigt, dass Menschen, die dankbar sind, glücklicher, gesünder und stressresistenter sind.

<u>Meine eigene Dankbarkeitsreise</u>

Es gab eine Zeit in meinem Leben, in der ich mich oft über
die kleinen Ärgernisse des Alltags aufregte. Ich nahm
vieles als selbstverständlich hin. Doch dann begann ich,
die Kraft der Dankbarkeit zu entdecken. Ich führte ein
Dankbarkeitstagebuch und schrieb täglich die Dinge auf,
für die ich dankbar war. Diese einfache Übung veränderte
mein Leben und erweckte meine Wahrnehmung für die
Fülle um mich herum.

<u>Die wissenschaftliche Würze der Dankbarkeit</u>

Liebe Geisteswirbelstürmer wir müssen uns bewusst
machen, dass Dankbarkeit keine bloße Höflichkeit ist,
sondern eine mächtige Quelle des Glücks. Studien,
darunter Forschungen von Dr. Robert Emmons an der
University of California, haben gezeigt, dass die Praxis der
Dankbarkeit unser allgemeines Wohlbefinden steigern
kann. Es ist, als würden wir einen Schatz an Freude und
Zufriedenheit in uns tragen, den wir jederzeit heben
können.

<u>Die Ananas-Theorie</u>

Ich möchte euch meine persönliche „Ananas-Theorie"
vorstellen. Warum Ananas? Weil sie süß, einzigartig und
ein bisschen exotisch ist – genau wie die Momente der
Dankbarkeit in unserem Leben. Jedes Mal, wenn ich einen
dieser süßen Momente erlebe, stelle ich mir vor, wie ich
eine Ananas in meinen imaginären Korb des Lebens lege.
Diese Theorie hat mir geholfen, die kleinen Dinge zu
schätzen und mich auf positive Erfahrungen zu
konzentrieren, anstatt mich von den stacheligen
Außenseiten des Lebens stechen zu lassen.

Geisteswirbelstürmer-Tipps:
Das Dankbarkeitsglas

Hier ist eine einfache, aber kraftvolle Übung: Stelle ein leeres Glas irgendwo hin, wo du es täglich siehst. Jeden Tag, schreibe eine Sache auf, für die du dankbar bist, und fülle das Glas. Es kann alles sein – von einem leckeren Kaffee am Morgen bis hin zu einem Anruf von einem alten Freund. Am Ende des Jahres (oder wenn du es am meisten brauchst), leere das Glas und lies dir jede Notiz durch. Du wirst überrascht sein, wie voll dein Leben ist.

Erkenntnisse durch Erlebnisse von einem Geisteswirbelstürmer

Lass mich euch Ben vorstellen, einen Geisteswirbelstürmer, durch und durch, der die Kunst der Dankbarkeit meisterte, nachdem er einen schweren Verlust erlitten hatte. Anstatt sich in Traurigkeit zu verlieren, begann Ben, täglich drei Dinge aufzuschreiben, für die er dankbar war. Diese Praxis half ihm, Licht in der Dunkelheit zu finden und lehrte ihn, dass selbst in den schwierigsten Zeiten Gründe zur Dankbarkeit existieren.

> *Dankbarkeit kann vergangene Ängste in Erkenntnisse und Zukunftssorgen in Hoffnung verwandeln.*
>
> *von Steve Maraboli*

Die Verwandlung durch Dankbarkeit

Dankbarkeit hat die erstaunliche Fähigkeit, unsere Perspektive zu verändern. Sie verwandelt, was wir haben, in genug und mehr. Es ist, als würde man durch eine Brille schauen, die die Welt in einem helleren Licht erscheinen lässt. Plötzlich sind die Vögel lauter, der Himmel blauer, und sogar der Kaffee schmeckt besser.

Dankbarkeit ist wie ein magischer Zauberstab, der unser Leben in ein Paradies des Glücks verwandeln kann.

Dankbarkeit ist wie ein Zaubertrank, der unsere Herzen öffnet, unsere Perspektive verändert und uns lehrt, die Schönheit des Lebens in all ihren Facetten zu erkennen.

Geisteswirbelstürmer-Tipps: Das Dankbarkeitstagebuch

Eine einfache Übung, um Dankbarkeit in dein Leben zu integrieren, ist das Führen eines Dankbarkeitstagebuchs. Jeden Tag nimmst du dir einige Minuten Zeit, um drei Dinge aufzuschreiben, für die du dankbar bist. Es können kleine oder große Dinge sein, von einem freundlichen Lächeln bis zu großen Lebensereignissen. Diese Übung hilft, deine Dankbarkeitsmuskeln zu stärken.

Nehmen Sie sich jeden Morgen oder Abend fünf Minuten Zeit, wie bei dem Freude - Tagebuch und des "Erfolge - Tagebuchs um drei Dinge aufzuschreiben, für die Sie dankbar sind – es kann so einfach sein wie das Lächeln eines Fremden oder das Gefühl der Sonne auf Ihrer Haut. Studien haben gezeigt, dass Dankbarkeit eng mit einem erhöhten Maß an Glück und Zufriedenheit verbunden ist. Sie erinnert uns daran, die Schönheit in den kleinen Dingen zu sehen und schafft ein solides Fundament für Selbstliebe.

Ein Dankbarkeitstagebuch ist wie eine Schatzkarte zu einem glücklicheren Leben - es führt dich zu den verborgenen Juwelen des Alltags, die oft übersehen werden. Doch was genau gehört in ein solches Tagebuch? Lass uns eintauchen und entdecken, wie Dankbarkeit zu deiner täglichen Praxis werden kann.

Tägliche Dankbarkeitseinträge

Jeden Tag bieten unzählige Momente Grund zur Dankbarkeit, sei es der erste Sonnenstrahl am Morgen, ein herzliches Lachen eines Freundes oder sogar der Geschmack deiner Lieblingsspeise. Halte diese kostbaren Augenblicke fest und beobachte, wie sie dein Herz erwärmen.

Reflexion über Dankbarkeit

Nimm dir Zeit, über die Bedeutung von Dankbarkeit nachzudenken. Was bedeutet Dankbarkeit für dich persönlich? Wie wirkt sie sich auf deine Stimmung und deine Lebensqualität aus? Je mehr du darüber nachdenkst, desto tiefer wird dein Verständnis und desto stärker wird deine Dankbarkeitspraxis.

Dankbarkeitsrituale

Entdecke die Rituale und Gewohnheiten, die dir helfen, Dankbarkeit in dein Leben zu integrieren. Ob du nun morgendliche Dankbarkeitsmeditationen praktizierst, vor dem Schlafengehen Dankbarkeitsgebete sprichst oder einfach nur dein Tagebuch führst - finde, was für dich am besten funktioniert.

Dankbarkeitschallenge

Fordere dich selbst heraus, indem du eine Dankbarkeitschallenge durchführst. Kannst du eine Woche lang jeden Tag zehn Dinge finden, für die du dankbar bist? Oder versuchst du, jeden Tag eine neue Person zu entdecken, der du dankbar sein kannst? Die Möglichkeiten sind endlos!

Dankbarkeitszitate und Inspiration

Lass dich von inspirierenden Zitaten über Dankbarkeit beflügeln. Sie sind wie kleine Glücksbringer, die dir helfen, deine Dankbarkeitspraxis zu vertiefen und dich immer wieder zu motivieren.

Dankbarkeit in schwierigen Zeiten

Erkenne die Kraft der Dankbarkeit, selbst wenn die Zeiten hart sind. Sie kann ein Lichtblick sein, der dich durch die dunkelsten Stunden führt und dir hilft, die Silberstreifen am Horizont zu sehen.

Dankbarkeit für Selbstfürsorge

Vergiss nicht, auch dir selbst gegenüber dankbar zu sein. Schätze deine eigenen Eigenschaften, Fähigkeiten und Erfahrungen, die dich zu der einzigartigen Person machen, die du bist.

Dankbarkeit für Beziehungen

Zeige deine Dankbarkeit für die Menschen in deinem Leben, sei es Familie, Freunde, Partner oder Kollegen. Ihre Unterstützung, Inspiration und Liebe bereichern dein Leben jeden Tag aufs Neue.

Dankbarkeit für die Natur und die Welt um dich herum

Verbinde dich mit der Schönheit der Natur und schätze die Wunder der Welt um dich herum. Von majestätischen Sonnenuntergängen über duftende Blumen bis hin zu rauschenden Wäldern - die Natur ist voller Gründe zur Dankbarkeit.

Dankbarkeit für das Hier und Jetzt

Sei dankbar für den gegenwärtigen Moment und die kleinen Freuden des Alltags. Übe, im Hier und Jetzt zu leben und die Schönheit des gegenwärtigen Augenblicks zu schätzen.

Ein Dankbarkeitstagebuch ist wie ein magisches Fenster, das dir einen neuen Blick auf die Welt eröffnet. Indem du regelmäßig Zeit investierst, um über die Dinge nachzudenken, für die du dankbar bist, kannst du deine Lebenszufriedenheit steigern und ein Gefühl der Fülle und Erfüllung erleben. Also schnapp dir ein Tagebuch und beginne noch heute, deine Dankbarkeitsreise festzuhalten!

Entdecke im "**Tagebuch der Positivität**" alle Elemente, die dich auf deiner Reise zu mehr innerer Freude unterstützen! Mit praktischen Übungen ist dieses Buch perfekt für Jung und Alt. Lass dich von den Geisteswirbelstürmern mitreißen und erlebe, wie positiv dein Leben sein kann

Schick uns einfach eine E-Mail an geisteswirbelstuermer@rdw-traders-club.de und sichere dir kostenlos die PDF-Version! Keine Sorge, deine persönlichen Daten sind bei uns sicher - wir löschen sie sofort nach dem Versand. Oder bestelle es direkt bei Amazon und starte noch heute deine Reise zu positiven Gedanken

Schreiben für die Seele

Tauchen wir in die Welt des Schreibens ein, nicht als eine Aufgabe, sondern als eine Freude – eine Möglichkeit, sich mit der eigenen Seele zu verbinden und Positivität zu kultivieren. Das Führen eines Tagebuchs wird hier als ein Akt der Selbstliebe und als Mittel zur Förderung des persönlichen Wachstums vorgestellt.

Erkenntnisse durch Erlebnisse von einem Geisteswirbelstürmer

Mia, eine lebensfrohe Cafébesitzerin, erzählte mir, wie das tägliche Schreiben in ihrem "Tagebuch der Positivität" ihr Leben veränderte. Anfangs skeptisch, ob sie überhaupt genug "positive" Dinge in ihrem Alltag finden würde, um darüber zu schreiben, entdeckte sie bald, dass gerade die Suche nach diesen Momenten ihre Wahrnehmung veränderte. Sie begann, die kleinen Freuden des Lebens – ein Lächeln eines Kunden, das Gedeihen einer Pflanze in ihrem Caféfenster, den Geschmack ihres Lieblingskaffees – wertzuschätzen. Mias Geschichte zeigt, wie das Schreiben nicht nur ihre Sicht auf die Welt veränderte, sondern auch die Art und Weise, wie sie sich selbst sah und schätzte.

Inspirierendes Zitat

Schreiben ist die Malerei der Stimme.

von Voltaire

Voltaires Worte erinnern uns daran, dass Schreiben eine kraftvolle Form des Ausdrucks ist, die es uns ermöglicht, unsere innere Welt nach außen zu tragen und unsere Gedanken, Gefühle und Erfahrungen zu teilen.

Die Wissenschaft. Eine Studie zum Dankbarkeitstagebuchs, die inspiriert.

Forschungen zur positiven Psychologie haben gezeigt, dass das Führen eines Dankbarkeitstagebuchs das Wohlbefinden steigern kann.

Eine Studie der University of California, Davis, fanden heraus, dass Menschen, die regelmäßig Tagebuch über Dinge führen, für die sie dankbar sind, ein höheres Maß an Wohlbefinden, besseren Schlaf und weniger Symptome von Depressionen und Angstzuständen aufweisen. Diese Studie unterstreicht, wie eine einfache Praxis der Dankbarkeit unsere allgemeine Lebensqualität verbessern kann.

Geisteswirbelstürmer-Tipps: Dankbarkeitsmeditation

Beginnen Sie mit der "Dankbarkeitsatmung": Atmen Sie tief ein und denken Sie an etwas, für das Sie dankbar sind. Halten Sie den Atem kurz an und lassen Sie das Gefühl der Dankbarkeit Ihren Körper erfüllen. Beim Ausatmen lassen Sie alle Spannungen los. Wiederholen Sie dies einige Male. Diese Übung kann jederzeit durchgeführt werden, besonders in Momenten des Stresses, um Sie wieder ins Gleichgewicht zu bringen.

<u>**Inspirierendes Zitat**</u>

> *Dankbarkeit verwandelt,*
>
> *was wir haben, in genug.*
>
> *von Unbekannt*

Dieses Zitat fängt die Essenz der Dankbarkeit ein – eine Erinnerung daran, dass Zufriedenheit nicht daraus resultiert, alles zu haben, was wir wollen, sondern aus der Wertschätzung dessen, was wir bereits besitzen.

<u>Erkenntnisse durch Erlebnisse von einem Geisteswirbelstürmer</u>

Sarah, eine Geisteswirbelstürmerin, erzählte mir von ihrem persönlichen Erlebnis mit Dankbarkeit. Sie durchlief eine schwierige Phase, in der sie sich überfordert fühlte. Doch nachdem sie begann, sich täglich auf die Dinge zu konzentrieren, für die sie dankbar war, bemerkte sie eine erstaunliche Veränderung. Sie wurde optimistischer, gelassener und fand neue Freude im Leben. Sarah ist heute ein strahlendes Beispiel für die transformative Kraft der Dankbarkeit.

Wie Dankbarkeit unser Gehirn beeinflusst

Die Praxis der Dankbarkeit hat nachweislich positive Auswirkungen auf unser Gehirn. Sie stimuliert die Freisetzung von Dopamin und Serotonin, den Glückshormonen, und stärkt die Verbindungen im Belohnungszentrum unseres Gehirns. Mit anderen Worten, sie hilft uns, uns besser zu fühlen und Freude zu empfinden.

https://www.istockphoto.com/de -Künstler: fermate Istockphoto Stock-Illustration-ID 1340986732, Scribbr, 18. September 2021

Praktische Schritte zur Entwicklung von Dankbarkeit

- ♥ Beginne den Tag mit Dankbarkeit – Starte jeden Morgen mit dem Gedanken an etwas, für das du dankbar bist.
- ♥ Teile deine Dankbarkeit – Teile einmal pro Woche mit jemandem, wofür du dankbar bist. Dies kann Dankbarkeit in deinem Umfeld verbreiten.
- ♥ Suche nach dem Silberstreifen – In jeder schwierigen Situation, suche nach einem Grund zur Dankbarkeit.
- ♥ Praktiziere Achtsamkeit – Sei im Moment präsent und achte auf die kleinen Freuden des Lebens.
- ♥ Führe ein Dankbarkeitstagebuch – Nimm dir täglich Zeit, um Dinge aufzuschreiben, für die du dankbar bist.
- ♥ Dankbarkeitsmeditation – Setze dich ruhig hin und konzentriere dich auf die Dinge, für die du dankbar bist.
- ♥ Teile deine Dankbarkeit – Sag den Menschen, die dir wichtig sind, wie dankbar du für sie bist.
- ♥ Dankbarkeit in schwierigen Zeiten – Übe Dankbarkeit auch in schwierigen Momenten, um neue Perspektiven zu finden.
- ♥ Tägliche Dankbarkeit – Mache Dankbarkeit zu einer täglichen Gewohnheit, um ihre positive Wirkung zu maximieren.
- ♥ Perspektivwechsel – Ändere deine Sichtweise und konzentriere dich auf das Positive.
- ♥ _Achtsamkeit – Sei im Hier und Jetzt und bemerke die kleinen Freuden des Lebens._

> Die Dankbarkeit ist der Schlüssel zum Glück.
>
> Dankbare Menschen sind glückliche Menschen.
>
> *von Unbekannt*

Resümee

Dankbarkeit ist der Schlüssel zu einem erfüllten Leben. Sie erinnert uns daran, dass das Leben voller Geschenke und Wunder ist, die wir oft übersehen. Lasst uns also die Kunst der Dankbarkeit in unser tägliches Leben integrieren, unser Herz öffnen und die Schönheit des Lebens in vollen Zügen genießen.

Dankbarkeit ist mehr als nur ein nettes Gefühl; es ist eine Lebensweise. Indem wir lernen, in jedem Moment Dankbarkeit zu finden, öffnen wir die Tür zu einem erfüllteren, glücklicheren Leben. Also, während wir unser Abenteuer fortsetzen, lasst uns nicht vergessen, für die Reise selbst dankbar zu sein – jede Kurve, jede Steigung und jeden atemberaubenden Ausblick.

Die Kraft der Dankbarkeit ist ein Geschenk, das wir uns selbst machen können. Sie erinnert uns daran, dass das Glück in den kleinen Dingen des Lebens verborgen ist. Auf unserer Reise zur Selbstliebe, Heiterkeit und positiven Gedanken ist die Dankbarkeit unser treuer Begleiter. Lass uns also gemeinsam dankbar sein, das Glück im Alltag entdecken und das Leben in vollen Zügen genießen

Die Praxis der Dankbarkeit einzuführen, bedeutet, das Leben durch eine Linse der Wertschätzung zu betrachten. Es ist eine Einladung, jeden Tag als ein Geschenk zu betrachten und die unzähligen kleinen Segnungen zu erkennen, die unser Leben bereichern.

Dankbarkeit ist oft in den stillen, alltäglichen Momenten verborgen, die unser Herz mit Freude und Dankbarkeit erfüllen.

Das Tagebuch der Positivität" lädt uns ein, die transformative Kraft des Schreibens zu erkunden. Wie Mias Erfahrung zeigt, kann das Festhalten unserer Gedanken, Gefühle und Dankbarkeiten auf Papier ein Weg sein, um Klarheit zu finden, Positivität zu kultivieren und eine tiefere Verbindung mit uns selbst und der Welt um uns herum zu schaffen.

Möge dieses Kapitel Sie dazu inspirieren, Ihre eigene Schreibreise zu beginnen und die heilende, erhebende Kraft des Schreibens für die Seele zu entdecken. Erinnern Sie sich daran, dass jeder Eintrag in Ihr Tagebuch der Positivität ein Schritt auf dem Weg zur Selbstliebe und zum inneren Frieden ist

Während wir dieses Kapitel abschließen, möge die Praxis der Dankbarkeit Ihnen helfen, die Fülle in Ihrem Leben zu erkennen und zu feiern. Möge sie Sie daran erinnern, dass, auch in Zeiten der Herausforderung, immer Gründe für Dankbarkeit vorhanden sind. Lassen Sie Dankbarkeit zu einem festen Bestandteil Ihres täglichen Lebens werden und beobachten Sie, wie sie Ihr Herz und Ihre Welt zum Strahlen bringt.

Kapitel 8:

Achtsamkeit –
Im Hier und Jetzt leben

Lieber Geisteswirbelstürmer, Willkommen im achten Kapitel unserer gemeinsamen Reise, in dem wir das Geheimnis des Achtsamseins lüften – das magische Elixier, das uns erlaubt, jeden Moment in seiner vollen Pracht zu erleben. Stellt euch vor, Achtsamkeit ist wie ein Superfilter für eure Sinne, der das Grau des Alltags in leuchtende Farben verwandelt. Achtsamkeit ist wie ein ruhiger See, der deine Gedanken und Emotionen spiegelt.

Warum Achtsamkeit so wichtig ist

Bevor wir uns in die Welt der Achtsamkeit vertiefen, lass uns darüber sprechen, warum sie von entscheidender Bedeutung ist. In einer hektischen Welt, die oft von Ablenkungen und Stress geprägt ist, ist die Kunst der Achtsamkeit der Schlüssel, um im Hier und Jetzt zu leben und inneren Frieden zu finden. Studien haben gezeigt, dass Achtsamkeit das Stressniveau reduziert, die Konzentration verbessert und das Wohlbefinden steigert.

Die Wissenschaft hinter der Magie

Bevor wir in die Tiefe tauchen, lasst uns kurz die Wissenschaft betrachten. Achtsamkeit ist nicht nur ein hippes Konzept für Yoga-Enthusiasten. Forschungen, unter anderem von der Harvard University, haben gezeigt, dass Achtsamkeitspraxis das Gehirn tatsächlich verändern kann, Stress reduziert, die Aufmerksamkeit verbessert und das allgemeine Wohlbefinden steigert. Es ist, als würde man seinem Gehirn einen wohlverdienten Urlaub gönnen.

<u>Mein peinlichster Moment und was er mich über Achtsamkeit lehrte</u>

Ich erinnere mich an einen besonders peinlichen Moment, als ich bei einer wichtigen Besprechung mit dem Kopf gegen die Glastür lief – ja, genau so, wie man es aus Comedy-Filmen kennt. Während alle versuchten, ihr Lachen zu unterdrücken, hatte ich eine Erkenntnis: Ich war so in Gedanken versunken über das, was ich sagen würde, dass ich vollkommen vergaß, im Hier und Jetzt zu sein. Dieser schmerzhafte Zusammenstoß war mein Weckruf, achtsamer zu leben.

<u>Geisteswirbelstürmer-Tipps:</u>
Der Atem als Anker

Hier ist eine einfache Übung, die jederzeit und überall praktiziert werden kann. Ich nenne sie „Der Atem als Anker". Setze dich an einen ruhigen Ort, schließe die Augen und konzentriere dich auf deinen Atem. Konzentriere dich für eine Minute nur auf deinen Atem. Fühle, wie die Luft ein- und ausströmt. Wenn deine Gedanken abschweifen, bringe sie sanft zurück zu deinem Atem. Diese Übung hilft dir, im Moment zu verankern und den Lärm des Lebens auszublenden.

Erkenntnisse durch Erlebnisse von einem Geisteswirbelstürmer

Sarah, eine Geisteswirbelstürmerin von mir, fand durch Achtsamkeit zurück zu sich selbst, nachdem sie durch die Hektik des Alltags fast ausgebrannt wäre. Indem sie sich täglich Zeit für Achtsamkeitsmeditation nahm, lernte sie, ihre Gedanken und Emotionen ohne Urteil zu beobachten. Dies half ihr, Stress abzubauen und jeden Moment mehr zu schätzen.

Inspirierendes Zitat

> Achtsamkeit bedeutet, auf eine bestimmte Weise aufmerksam zu sein: bewusst, im gegenwärtigen Moment und ohne zu urteilen.
>
> von Jon Kabat-Zinn

Die Kunst, den Moment zu umarmen

Achtsamkeit lehrt uns, jeden Moment zu umarmen, egal ob wir gerade den Geschirrspüler ausräumen oder den Sonnenuntergang beobachten. Es geht darum, die Schönheit in den alltäglichen Dingen zu finden und zu erkennen, dass das Leben im Hier und Jetzt stattfindet, nicht in der Vergangenheit oder Zukunft.

Kapitel 8.1:

Natur als Spiegel - Draußen die Innenwelt erkunden

Nun öffnen wir die Tür zur Natur, einem Ort, an dem wir nicht nur Ruhe finden, sondern auch tiefere Einsichten in unser eigenes Sein. Die Natur dient uns als Spiegel, der reflektiert, wer wir sind, und uns lehrt, im Einklang mit uns selbst und unserer Umwelt zu leben.

Erkenntnisse durch Erlebnisse von einem Geisteswirbelstürmer

Emma, eine engagierte Stadtbewohnerin, entdeckte die heilende Kraft der Natur während eines unerwarteten Solo-Campingtrips. Anfangs von der Stille und der Abgeschiedenheit überwältigt, begann sie langsam, die subtilen Schönheiten des Waldes zu schätzen – das Flüstern der Blätter, das sanfte Plätschern eines nahegelegenen Baches, das Spiel des Lichts durch die Baumkronen. Diese Erfahrung lehrte Emma, dass die Natur ein kraftvoller Lehrer der Geduld, Akzeptanz und des Staunens ist. Sie erkannte, dass die Stille der Natur nicht leer, sondern voller Antworten ist, wenn wir nur lernen, zuzuhören.

Geisteswirbelstürmer-Tipps:
Natur-Tagebuch

Das Natur-Tagebuch: Nehmen Sie sich jede Woche Zeit für einen Spaziergang in der Natur und führen Sie ein Tagebuch über Ihre Beobachtungen, Gedanken und Gefühle. Konzentrieren Sie sich auf die kleinen Wunder – ein Blatt, das im Wind tanzt, die Muster des Frostes auf einem Ast, die Farben des Sonnenuntergangs. Diese Übung hilft, Achtsamkeit zu kultivieren und die Verbindung zur Natur und zu sich selbst zu stärken.

Inspirierendes Zitat

> Die Natur spricht leise, aber klar zu uns –
> wir müssen nur lernen, zuzuhören.
>
> *von Unbekannt*

Dieses Zitat erinnert uns daran, dass die Natur voller Weisheit ist, die darauf wartet, entdeckt zu werden. Indem wir lernen, auf die subtilen Botschaften der Natur zu achten, können wir tieferes Verständnis und Klarheit über unser eigenes Leben gewinnen.

Die Wissenschaft.
Eine Studie zur Natur, die inspiriert.

Untersuchungen haben gezeigt, dass Zeit in der Natur das Stressniveau senken, die Stimmung verbessern und die kognitive Funktion steigern kann. Eine Studie der Stanford University ergab, dass Spaziergänge in der Natur das Risiko von Depressionen verringern können, was die positive Wirkung der natürlichen Umgebung auf das psychische Wohlbefinden unterstreicht.

Praktische Schritte zur Kultivierung von Achtsamkeit

Achtsamkeit ist eine Fähigkeit, die wir entwickeln können. Zu den Werkzeugen der Achtsamkeit gehören:

- ♥ Atemübungen – Praktiziere Atem als Anker, um im Moment zu sein. (Siehe Seite 63)
- ♥ Meditation – Setze dich regelmäßig zur Meditation, um deinen Geist zu beruhigen.
- ♥ Achtsames Essen – Genieße Mahlzeiten bewusst und spüre den Geschmack.
- ♥ Naturverbundenheit – Verbringe Zeit in der Natur und sei achtsam gegenüber deiner Umgebung.
- ♥ Selbstfürsorge – Sorge gut für dich selbst und achte auf deine Bedürfnisse.
- ♥ Geh achtsam – Verwandle tägliche Spaziergänge in Achtsamkeitsübungen, indem du dich auf das Gefühl deiner Füße auf dem Boden konzentrierst.
- ♥ Höre achtsam zu – Wenn jemand spricht, konzentriere dich voll und ganz auf seine Worte, anstatt darüber nachzudenken, was du als Nächstes sagen wirst.
- ♥ Nutze Erinnerungshilfen – Setze regelmäßige Erinnerungen auf deinem Handy, um dich daran zu erinnern, für einen Moment innezuhalten und achtsam zu sein.

Inspirierendes Zitat

> *Das Glück des Augenblicks ist das Geheimnis des Lebens*
>
> *von Omar Khayyam*

Resümee

Achtsamkeit ist eine Einladung, das Leben in vollen Zügen zu genießen, eine Mahlzeit, ein Lächeln, einen Sonnenstrahl. Indem wir lernen, im Jetzt zu leben, entdecken wir die unzähligen kleinen Wunder, die unser Leben bereichern. Lasst uns also die Reise fortsetzen, mit offenen Herzen und wachen Sinnen, bereit, jeden kostbaren Moment zu umarmen.

Die Kunst der Achtsamkeit ist ein Geschenk, das wir uns selbst machen können. Sie erinnert uns daran, im Hier und Jetzt zu leben und inneren Frieden zu finden. Auf unserer Reise zur Selbstliebe, Heiterkeit und positiven Gedanken ist die Achtsamkeit unser treuer Begleiter. Lass uns also gemeinsam achtsam sein, unseren Geist beruhigen und das Leben in vollen Zügen genießen.

Das Kapitel lädt uns ein, die Natur als einen Ort der Reflexion und des persönlichen Wachstums zu betrachten. Wie Emmas Reise zeigt, kann die Natur uns beibringen, präsent zu sein, die Schönheit in der Welt zu sehen und tiefer in die Schichten unseres eigenen Selbst einzutauchen.

Möge dieses Kapitel Dich dazu inspirieren, die Natur als
einen Spiegel Deiner Innenwelt zu sehen und die heilende,
erhebende Präsenz der natürlichen Welt in Ihr Leben
einzuladen. Erinnere Dich daran, dass jede Blume, jeder
Baum, jeder Fluss eine Geschichte zu erzählen hat – eine
Geschichte, die mit der unseren verwoben ist, wenn wir
nur lernen, zuzuhören und zu beobachten.

https://www.istockphoto.com/de -Künstler: Olga Ubirailo iIstockphoto
Stock-Illustration-ID 1615070586, Scribbr, 18. August 2023

Kapitel 9:

Die Kraft positiver Affirmationen

Willkommen im diesem Kapitel unseres Abenteuers, in dem wir das Zaubermittel der positiven Affirmationen entdecken – kleine Zauberformeln, die, wenn sie täglich angewandt werden, das Grau unserer Gedankenwelt in ein Kaleidoskop der Möglichkeiten verwandeln können.

Warum Affirmationen nicht nur Hokuspokus sind

Bevor wir tief eintauchen, lasst uns mit einem Mythos aufräumen: Affirmationen sind nicht nur esoterischer Hokuspokus. Wissenschaftliche Studien, wie die von Dr. Carol Dweck an der Stanford University, haben gezeigt, dass positive Selbstgespräche und Affirmationen die Art und Weise, wie wir denken und uns selbst wahrnehmen, tiefgreifend verändern können. Sie stärken unser Selbstwertgefühl, fördern Resilienz und können sogar unsere Willenskraft steigern. Es ist, als würde man seinem Gehirn ein tägliches Vitamin für emotionale Stärke geben.

Erkenntnisse durch Erlebnisse von einem Geisteswirbelstürmer

Lernt Alex kennen, einen Freund, dessen Leben sich in einem ständigen Zustand der Selbstzweifel und Unsicherheit befand. Alex begann jeden Tag mit dem Gedanken „Ich kann das nicht", was seine Fähigkeit,

Herausforderungen zu meistern, stark einschränkte. Nach einer besonders harten Woche entschied Alex, etwas Neues zu versuchen: positive Affirmationen.

Jeden Morgen stand Alex vor dem Spiegel und sagte:

„Ich bin stark. Ich bin fähig. Ich kann Herausforderungen meistern."

Diese einfachen Worte bewirkten Wunder. Langsam, aber sicher, begann Alex, Veränderungen in seinem Denken und Handeln zu bemerken. Affirmationen wurden zu Alex' täglichem Rüstzeug gegen die Dämonen des Zweifels.

Geisteswirbelstürmer-Tipps: Dein persönliches Affirmationsritual

Beginne, indem du drei Affirmationen wählst, die zu deinen Zielen und Herausforderungen passen. Schreibe sie auf kleine Karten und platziere sie an Orten, die du täglich siehst: am Badezimmerspiegel, in deiner Geldbörse oder neben deinem Computer. Wiederhole diese Affirmationen laut jeden Morgen und jede Nacht. Glaube an die Kraft deiner Worte und beobachte, wie sie Realität werden.

Die Macht des gesprochenen Wortes

Es gibt etwas unglaublich Mächtiges am gesprochenen Wort. Wenn wir Affirmationen laut aussprechen, geben wir ihnen Gewicht und lassen sie in unserem Bewusstsein sowie im Universum Wurzeln schlagen. Es ist, als würden wir dem Universum einen direkten Auftrag geben:

„Hier bin ich, das ist, was ich will."

> *Affirmationen sind unser geistiges Vitamin,*
> *das unser Selbstbewusstsein stärkt und*
> *unsere Gedanken nährt*
>
> *von Louise Hay*

Wie Affirmationen das Gehirn umprogrammieren

Unser Gehirn ist eine erstaunliche Maschine, die auf Wiederholung und Muster reagiert. Durch die regelmäßige Praxis von positiven Affirmationen können wir tatsächlich die neuronale Verdrahtung unseres Gehirns beeinflussen, weg von negativen Gedankenmustern hin zu einer positiveren Denkweise. Es ist, als würde man einen Garten umgraben und neu bepflanzen – mit Gedanken, die Wachstum und Blüte fördern.

Praktische Schritte, um positive Affirmationen in dein Leben zu integrieren

- ♥ Wähle Affirmationen, die resonieren – Finde Aussagen, die dir ein gutes Gefühl geben und deine Wünsche widerspiegeln.
- ♥ Wiederholung macht den Meister – Wiederhole deine Affirmationen täglich, um ihre Kraft zu maximieren.
- ♥ Visualisiere deine Erfolge – Stell dir vor, wie dein Leben aussieht, wenn deine Affirmationen wahr werden.
- ♥ Sei geduldig und konsequent – Veränderungen geschehen nicht über Nacht. Bleib dran.
- ♥ Feiere deine Fortschritte – Nimm wahr und feiere, wie sich durch deine Affirmationen positive Veränderungen in deinem Leben ergeben.

50 Inspirierende Affirmation Anregungen

1. Ich bin genug.
2. Ich bin es wert, geliebt zu werden
3. Ich akzeptiere mich voll und ganz
4. Ich bin gut so wie ich bin
5. Ich bin ganz Perfekt, Stark, Mächtig, Liebevoll, Wohlhabend und somit Glücklich
6. Ich bin ein dankbarer Mensch
7. Ich bin Dankbar für mein Leben
8. Ich akzeptiere meine Grenzen
9. Ich bin nett zu mir.
10. Ich verdiene es, glücklich zu sein.
11. Ich bin vollkommen.
12. Ich bin in der Lage, meine Ziele zu erreichen.

13.   Ich glaube an mich.

14.   Ich vertraue mir.

15.   Ich darf nein sagen.

16.   Ich darf ja sagen.

17.   Ich lasse negative Dinge los.

18.   Ich darf Fehler machen.

19.   Ich verdiene es, geliebt zu werden.

20.   Ich gebe mir die Erlaubnis zutun, was richtig für mich ist.

21.   Ich höre auf meine Intuition.

22.   Ich gehe immer den richtigen Weg.

23.   Ich bin dankbar dafür Menschen in meinem Leben zu haben, die mich wertschätzen.

24.   Ich lerne jeden Tag von mir selbst.

25.   Ich habe oberste Priorität.

26.   Ich brauche niemanden, um mich geliebt zu fühlen.

27.   Ich verurteile mich nicht.

28.   Ich bin stark und selbstbewusst.

29.   Ich bin in Balance.

30.   Mein Körper ist mein bester Freund.

31.   Ich verdiene es, gesund zu sein.

32.   Ich vertraue den Signalen meines Körpers.

33.   Ich nehme mir die Zeit, um mich um meinen Körper zu kümmern.

34.   Ich entscheide, wie ein gesunder Körper aussieht.

35.   Meine mentale und körperliche Gesundheit hat Priorität.

36.   Meine Erkrankung definiert mich nicht.

37.   Ruhe und Erholung hat Vorrang.

38.   Ich fordere meinen Körper heraus.

39.   Ich feiere die kleinen Fortschritte.

40. Ich bin mutig genug, um mich meinen Ängsten zu stellen.
41. Hindernisse sind Chancen für meinen eigenen Fortschritt.
42. Ich schaffe das.
43. Ich bin genau da, wo ich sein soll.
44. Mit jeder Handlung komme ich meinem Traumjob näher.
45. Ich bin erfolgreich in allem, was ich mache.
46. Heute gebe ich mein Bestes.
47. Ich bin dankbar für meinen Job.
48. Mein Job definiert nicht, wer ich bin.
49. Ich bin zuständig für meinen eigenen Erfolg.
50. Ich wachse jeden Tag über mich hinaus.
51. Ich bin kreativ.
52. Ich bin finanziell unabhängig.
53. Ich bin umgeben von positiven Menschen.
54. Ich teile meine Freude.
55. Ich bin pure Energie.
56. Heute wird ein guter Tag.

<u>Mehr finden Sie noch auf meinen</u>

Geisteswirbelstürmer - Seiten

Instagram Seite

(https://www.instagram.com/geisteswirbelstuermer/)

oder auf der Facebook Seite

(Ich - Im Wirbelwind des Geistes)

Resümee

Positive Affirmationen sind ein kraftvolles Werkzeug auf unserer Reise zu einem erfüllten und glücklichen Leben. Sie erinnern uns daran, dass wir die Autoren unserer eigenen Geschichten sind und die Macht haben, das Drehbuch unseres Lebens zu schreiben. Lasst uns also unsere Worte weise wählen und die Magie der positiven Affirmationen nutzen, um unsere Träume und Ziele zu verwirklichen.

https://www.istockphoto.com/de -Künstler vectorwin Istockphoto Stock-Illustration ID 1864933264, Scribbr, 19. Dezember 2023

Kapitel 10:

Die Kunst der Gelassenheit, in der Ruhe liegt die Kraft

Weiter geht s in unserer Reise, in dem wir uns der Kunst der Gelassenheit widmen. Gelassenheit ist wie der Superkraft-Mantel, der uns vor den Unbilden des Lebens schützt und uns hilft, mit einem Lächeln auf den Lippen die turbulentesten Gewässer zu durchqueren.

Gelassenheit ist wie ein ruhiger Ozean, der uns in stürmischen Zeiten Halt gibt und unsere innere Stärke offenbart.

Warum Gelassenheit so wichtig ist

Bevor wir uns tiefer in die Kunst der Gelassenheit vertiefen, lass uns darüber sprechen, warum sie von entscheidender Bedeutung ist. Das Leben ist voller Herausforderungen, Unsicherheiten und stressiger Momente. Gelassenheit ist das, was uns hilft, inmitten des Sturms ruhig zu bleiben. Studien haben gezeigt, dass gelassene Menschen weniger gestresst sind, eine bessere psychische Gesundheit haben und in schwierigen Situationen klügere Entscheidungen treffen.

Die wahre Bedeutung von Gelassenheit

Gelassenheit bedeutet nicht, dass wir uns in einen ständigen Zen-Zustand versetzen müssen oder uns in ein Yoga-Retreat zurückziehen sollten (obwohl das ab und zu sicherlich hilfreich sein kann). Gelassenheit ist die Fähigkeit, ruhig und gefasst zu bleiben, selbst wenn der Sturm tobt. Es ist das Geheimnis, Stress in Frieden zu verwandeln und uns selbst die Erlaubnis zu geben, nicht perfekt zu sein.

Meine verrückteste Reise und wie ich Gelassenheit fand

Ich erinnere mich an eine besonders chaotische Reise, bei der ich meinen Flug verpasste, mein Gepäck verloren ging und das Hotelzimmer überbucht war. In diesem Moment hätte ich vor Wut explodieren können. Doch stattdessen erinnerte ich mich an ein Zitat über Gelassenheit, das besagte:

„Gelassenheit ist nicht die Abwesenheit von Chaos, sondern die Fähigkeit, inmitten des Chaos ruhig zu bleiben."

Ich beschloss, es anzunehmen, und beobachtete, wie sich die Dinge allmählich klärten. Diese Erfahrung lehrte mich die wertvolle Lektion, dass Gelassenheit keine äußeren Umstände erfordert.

Geisteswirbelstürmer-Tipps:
 Der Gelassenheitsatem

Eine einfache Übung zur Förderung der Gelassenheit ist der "Gelassenheitsatem". . Setze dich an einen ruhigen Ort, schließe die Augen und konzentriere dich auf deinen Atem. Schließe deine Augen, atme tief ein und sage im Geist: "Ich atme Gelassenheit ein." Beim Ausatmen sagst du: "Ich lasse Unruhe los." Wiederhole dies einige Male. Dies hilft, Ruhe in stressigen Situationen zu finden.

Inspirierendes Zitat

> *Die Ruhe und Gelassenheit des Geistes sind ein mächtiger Schutz vor den Stürmen des Lebens*
>
> *von Eckhart Tolle*

Erkenntnisse durch Erlebnisse von einem Geisteswirbelstürmer

Lernt Lisa kennen, eine Geisteswirbelstürmerin, die durch Meditation und Achtsamkeitsübungen die Kunst der Gelassenheit meisterte. Sie erzählte mir, wie sie in herausfordernden Momenten auf bewusstes Atmen und innere Ruhe zurückgreift. Dies ermöglicht es ihr, klarer zu denken und besser mit Stress umzugehen. Lisa ist ein lebendiges Beispiel dafür, wie Gelassenheit unser Leben transformieren kann.

Gelassenheit ist nicht die Abwesenheit von Emotionen, sondern die Fähigkeit, mit ihnen umzugehen."

von John C. Maxwell

Die Freiheit, Dinge loszulassen

Ein wichtiger Aspekt der Gelassenheit ist die Fähigkeit, Dinge loszulassen, die wir nicht kontrollieren können. Es ist wie das Loslassen eines Heißluftballons – wir lassen die Lasten der Erwartungen und Sorgen los und erlauben uns, frei zu schweben. In der Tat zeigt die Forschung, dass die Praxis der Gelassenheit mit einem geringeren Stressniveau und einer verbesserten psychischen Gesundheit einhergeht.

Praktische Schritte zur Entwicklung von Gelassenheit

Gelassenheit ist eine Fähigkeit, die wir entwickeln können. Zu den Werkzeugen der Gelassenheit gehören:

- Atemübungen – Nutze Atemtechniken, um in stressigen Momenten Ruhe zu finden.
- Meditation – Regelmäßige Meditation hilft, den Geist zu beruhigen und Gelassenheit zu fördern.
- Akzeptanz – Lerne, dass es Dinge gibt, die außerhalb deiner Kontrolle liegen, und übe, sie anzunehmen.
- Perspektivwechsel – Frage dich: „Wird das, was mich jetzt stresst, in fünf Jahren noch wichtig sein?"
- Humor – Lerne, über dich selbst zu lachen und die Leichtigkeit des Lebens zu genießen.
- Achtsamkeit – Praktiziere Achtsamkeit, um im Hier und Jetzt zu leben und deine Gedanken zu beruhigen.
- Selbstmitgefühl – Behandle dich selbst liebevoll und verzeihe dir Fehler.
- Positive Affirmationen – Verwende positive Selbstgespräche, um deine Gelassenheit zu stärken.
- Stressmanagement – Lerne Techniken zur Stressbewältigung, wie z.B. Meditation oder Yoga. (Hierzu gibt es noch ein eigenes Buch)
- Die Macht der Pausen – Nimm dir regelmäßig kurze Pausen, um dich zu erholen und zu entspannen.

Resümee

Gelassenheit ist wie ein innerer Sonnenschein, der unser Leben erhellt. Sie gibt uns die Freiheit, mit einem Lächeln auf den Lippen durch die Höhen und Tiefen zu gehen. In den stürmischsten Momenten erinnern wir uns an die Kunst der Gelassenheit und lassen die Sonne in unser Herz scheinen.

Die Kunst der Gelassenheit ist ein Geschenk, das wir uns selbst machen können. Sie erinnert uns daran, dass wir in der Lage sind, ruhig zu bleiben, selbst wenn um uns herum der Sturm tobt. Auf unserer Reise zur Selbstliebe, Heiterkeit und positiven Gedanken ist die Gelassenheit unser treuer Begleiter. Lass uns also gemeinsam ruhiger werden und das Leben in vollen Zügen genießen.

Kapitel 11:

Die Macht des Lachens

Willkommen in diesem Kapitel unserer Reise, das sich dem wunderbaren und heilsamen Universum des Lachens widmet. Lachen ist wie ein magisches Elixier, das unser Leben erhellt, unsere Herzen erwärmt und uns die Freude am Hier und Jetzt wiederfinden lässt. . Lachen ist wie ein Zaubertrank, der unsere Herzen erhellt, unsere Seele belebt und uns die Kraft der Heiterkeit schenkt.

Warum Lachen so wichtig ist

Bevor wir uns in die Welt des Lachens stürzen, lass uns darüber sprechen, warum es so entscheidend ist. Das Leben kann manchmal ernsthaft sein, und wir alle stehen vor Herausforderungen. Doch das Lachen ist der Schlüssel, der uns hilft, den Alltag mit Leichtigkeit zu meistern. Studien haben gezeigt, dass Lachen Stress reduziert, Glückshormone freisetzt und das Immunsystem stärkt.

Es ist, als würden wir eine kostenlose Medizin nehmen, die auch noch köstlich schmeckt.

Meine urkomische Pannengeschichte

Ich erinnere mich an eine besonders lustige Situation, als ich versuchte, Yoga zu praktizieren und dabei in den unmöglichsten Posen steckenblieb. Ich fand mich in einem Knoten wieder, der unmöglich zu entwirren schien.

Anstatt mich zu ärgern, begann ich herzhaft zu lachen. Diese Situation erinnerte mich daran, dass Perfektion nicht das Ziel ist und dass Lachen in den verrücktesten Momenten am besten funktioniert.

<u>**Meine eigene Lachreise**</u>

Ich erinnere mich an eine Zeit in meinem Leben, in der ich mich viel zu ernst nahm. Ich dachte, dass ich all die Verantwortung und Sorgen des Lebens alleine tragen müsste. Doch dann erkannte ich, wie sehr mir das Lachen fehlte. Ich begann, humorvolle Situationen und Momente des Lachens in meinen Alltag zu integrieren. Diese Reise zur Heiterkeit hat mein Leben auf wunderbare Weise bereichert.

Geisteswirbelstürmer-Tipps: *Lachyoga*

Hier ist eine Übung, die du ausprobieren kannst, um die heilende Kraft des Lachens zu erleben. Setze dich in eine bequeme Position, schließe die Augen und stelle dir vor, wie du anfängst zu lachen. Du kannst es laut oder in Gedanken tun. Stell dir vor, wie das Lachen deinen ganzen Körper durchflutet und du dich von innen heraus erhellt fühlst. Öffne dann deine Augen und genieße das erfrischte Gefühl.

David, ein Freund von mir, war ein äußerst ernsthafter Mensch, der selten lachte. Doch nachdem er sich einer Lachyogagruppe angeschlossen hatte, erlebte er eine erstaunliche Verwandlung. Das regelmäßige Lachen half ihm, Stress abzubauen und eine tiefere Verbindung zu seinen Mitmenschen aufzubauen. David ist heute ein lebhaftes Beispiel für die Macht des Lachens, um das Leben aufzuhellen.

Inspirierendes Zitat

Lachen ist zeitlos, Vorstellungskraft hat kein Alter, und Träume sind für immer.

von Walt Disney

Die heilende Kraft des Lachens

Lachen ist nicht nur ein oberflächliches Vergnügen; es hat eine tiefgreifende heilende Wirkung. Es kann Spannungen lösen, Ängste vertreiben und uns daran erinnern, dass das Leben nicht immer so ernst sein muss. Wenn wir lachen, öffnen sich unsere Herzen und wir werden zugänglicher für die Freuden des Augenblicks.

Praktische Schritte zur Integration von mehr Lachen in dein Leben

Die Werkzeuge des Lachens

Lachen ist eine Fähigkeit, die wir alle besitzen, aber manchmal vergessen wir sie.

Zu den Werkzeugen des Lachens gehören:

- Finde den Humor im Alltag – Suche nach lustigen Momenten und lache über alltägliche Pannen.
- Humorvolle Aktivitäten – Integriere humorvolle Aktivitäten in deinen Alltag, wie z.B. das Ansehen von lustigen Filmen oder das Lesen humorvoller Bücher.
- Lache mit anderen – Gemeinsames Lachen stärkt soziale Bindungen und macht doppelt so viel Spaß.
- Lachclubs – Finde einen Lach - Club in deiner Nähe, um mit anderen gemeinsam zu lachen.
- Erinnere dich an lustige Momente – Denke an Momente in deinem Leben, die dich zum Lachen gebracht haben, und genieße diese Erinnerungen.
- Lache über dich selbst – Nimm dich selbst nicht zu ernst und finde Humor in deinen eigenen Fehlern und Eigenheiten.

Resümee

Lachen ist der Schlüssel zu einem glücklicheren und gesünderen Leben. Es erinnert uns daran, dass das Leben eine Reise voller Abenteuer und Überraschungen ist, die es zu genießen gilt. Lass uns also die Macht des Lachens in vollen Zügen nutzen und uns von der Freude des Augenblicks mitreißen.

Die Magie des Lachens ist ein Geschenk, das wir uns selbst machen können. Es erinnert uns daran, dass das Leben voller Freude und Humor ist, wenn wir es zulassen. Auf unserer Reise zur Selbstliebe, Heiterkeit und positiven Gedanken ist das Lachen unser treuer Begleiter. Lass uns also gemeinsam lachen, die Welt mit Freude erfüllen und das Leben in vollen Zügen genießen.

https://www.istockphoto.com/de -Künstler: hisa nishiya Istockphoto
Stock-Illustration ID-1401448624, Scribbr 7. Juni 2022

Kapitel 12:

Lächeln als Ritual - Kleine Gesten, große Wirkung

In diesem Kapitel unserer Reise zur Selbstliebe erkunden wir, wie ein einfaches Lächeln eine Welt voller Positivität öffnen kann. Das Lächeln ist wie das Sonnenlicht für unsere Seele – es wärmt nicht nur unser eigenes Herz, sondern auch das der Menschen um uns herum.

In einer Welt, die oft von Ernst und Sorgen geprägt ist, erinnert uns Humor daran, dass Freude und Leichtigkeit nie weit entfernt sind.

Erkenntnisse durch Erlebnisse von einem Geisteswirbelstürmer

Eines Tages begegnete ich einem Straßenmusiker, dessen Lächeln so ansteckend war, dass es die Passanten magisch anzog. Trotz des kalten Wetters und der hektischen Umgebung schuf sein Lächeln eine Oase der Wärme. Inspiriert von seiner Ausstrahlung, begann ich, bewusst zu lächeln – zuerst als Experiment. Zu meiner Überraschung bemerkte ich, wie mein eigenes Wohlbefinden sich verbesserte und wie mein Lächeln wie ein sanfter Dominoeffekt auch andere zum Lächeln brachte. Diese Erfahrung lehrte mich, dass Lächeln eine der einfachsten, aber kraftvollsten Formen der Selbstfürsorge und des positiven Einflusses auf andere ist.

Ein Lächeln ist eine Kurve,
die alles begradigt.
von Phyllis Diller

Dieses Zitat erinnert uns daran, dass ein Lächeln die Kraft hat, den Verlauf eines Tages zu ändern, Konflikte zu entschärfen und eine Brücke der Verbundenheit zu bauen.

Geisteswirbelstürmer-Tipps:
Lächeln als Ritual

Beginnen Sie Ihr "Lächeln als Ritual" mit einer einfachen Übung: Lächeln Sie jeden Morgen, sobald Sie in den Spiegel schauen, sich selbst zu. Halten Sie dieses Lächeln für mindestens 30 Sekunden. Sie werden vielleicht feststellen, wie diese kleine Geste Ihre Stimmung für den Tag setzt. Erweitern Sie dieses Ritual, indem Sie bewusst Menschen anlächeln, denen Sie im Laufe des Tages begegnen – seien es Kollegen, Familienmitglieder oder sogar Fremde auf der Straße.

Ein Tag ohne Lachen ist ein verlorener Tag.

Charlie Chaplin

Chaplins Worte erinnern uns daran, dass Lachen essentiell für ein erfülltes Leben ist. Es ist eine universelle Sprache, die Freude, Erleichterung und menschliche Verbindung bringt.

Die Wissenschaft.
Eine Studie zum Lächeln , die inspiriert.

Forscher der Universität Kansas fanden in einer Studie heraus, dass das bewusste Lächeln, selbst unter Stress, dazu beitragen kann, die Herzfrequenz zu senken und ein höheres Maß an Gelassenheit zu fördern. Dies unterstreicht die körperlichen und emotionalen Vorteile des Lächelns und bestätigt, dass es mehr als nur eine soziale Geste ist.

Eine weitere Studie, die inspiriert:

Untersuchungen haben gezeigt, dass Lachen das Stressniveau senken, das Immunsystem stärken und sogar Schmerzen lindern kann. Eine Studie der Loma Linda University in Kalifornien fand heraus, dass Lachen die Produktion von Gesundheitsfördernden Hormonen steigert und Stresshormone reduziert, was das Wohlbefinden verbessert.

Resümee

Das Lächeln als Ritual zu kultivieren, ist ein einfacher, aber transformativer Schritt auf dem Weg zur Selbstliebe und zum Wohlbefinden. Es erfordert wenig Aufwand, hat aber die Kraft, unsere Perspektive zu ändern und die Welt um uns herum heller zu machen. Wie der Straßenmusiker uns zeigt, kann ein Lächeln eine Quelle der Freude und ein Geschenk der Liebe sein – sowohl für uns selbst als auch für andere.

Während wir dieses Kapitel abschließen, lade ich Sie ein, das Lächeln als tägliches Ritual zu umarmen. Entdecken Sie die Freude und die positive Energie, die es freisetzt, und wie es Ihnen hilft, auf Ihrer Reise zur Selbstliebe voranzukommen. Erinnern Sie sich daran, dass jedes Lächeln, das Sie in die Welt senden, zu Ihnen zurückkehrt, vervielfacht in Glück und Wärme.

Das zwölfte Kapitel feiert das Lachen als universelles Heilmittel, das uns hilft, die Herausforderungen des Lebens mit Leichtigkeit und Freude zu meistern.

Wie meine persönliche Erfahrung zeigt, kann die Entscheidung, mit Humor auf das Leben zu blicken, transformative Auswirkungen auf unsere Beziehungen, unsere Stimmung und unsere Sicht auf die Welt haben.

Lassen Sie Humor zu Ihrem Verbündeten werden auf dem Weg zur Selbstliebe und zum Wohlbefinden, erinnern Sie sich daran, dass das Lachen in Ihnen ein kostbares Geschenk ist, das darauf wartet, geteilt zu werden.

Kapitel 13:

Heiterkeit entdecken
Die Leichtigkeit des Seins
Freude gezielt kultivieren

In diesem Kapitel betreten wir das helle, sonnige Feld der Heiterkeit, jenes Gefühl der Unbeschwertheit und Freude, das selbst die dunkelsten Tage erhellen kann. Heiterkeit zu entdecken ist wie das Auffinden eines verborgenen Schatzes in uns selbst – es erfordert Neugier, Mut und ein bisschen Übung.

In diesem Kapitel begeben wir uns auf eine heitere Entdeckungsreise, um die Kunst, Freude in unseren Alltag einzuflechten und zu meistern. Heiterkeit bewusst zu kultivieren, ist wie das Anzünden kleiner Lichter der Freude, die unseren Weg zur Selbstliebe erhellen.

Erkenntnisse durch Erlebnisse von einem Geisteswirbelstürmer

Lassen Sie mich von Tom erzählen, einem Geisteswirbelstürmer, der die Heiterkeit in einem Salsa-Tanzkurs fand. Ursprünglich meldete er sich an, um dem Alltagsstress zu entfliehen, entdeckte aber bald, dass beim Tanzen seine Sorgen verschwanden und durch eine tiefe, ansteckende Freude ersetzt wurden. Tom's Geschichte ist ein wunderbares Beispiel dafür, wie neue Aktivitäten uns helfen können, verborgene Quellen der Heiterkeit in unserem Leben zu entdecken.

<u>Eine weitere inspirierende Geschichte *von einer Geisteswirbelstürmerin*</u>

Ich denke da gerne an Clara, die beschloss, jeden Tag mit einem "Freudenritual" zu beginnen. Sie legte eine bunte Matte in die Mitte ihres Wohnzimmers, auf der sie jeden Morgen fünf Minuten tanzte – egal zu welcher Musik, Hauptsache, sie bewegte sich. Diese Morgenrituale verwandelten nicht nur ihre Stimmung für den Tag, sondern auch ihre Einstellung zum Leben. Clara zeigt uns, dass Freude eine Wahl ist, die wir jeden Tag treffen können, und dass selbst kleine Akte der Heiterkeit große Wellen schlagen können.

Geisteswirbelstürmer-Tipps

Hier hilft das Freudentagebuch hervorragend. Wie im Vorwort schon beschrieben. (Seite 5)

<u>Inspirierendes Zitat</u>

> *Das Glück ist das einzige, das sich verdoppelt, wenn man es teilt.*
>
> *Albert Schweitzer*

Dieses Zitat erinnert uns daran, dass Heiterkeit und Freude umso größer werden, je mehr wir sie mit anderen teilen. Es lädt uns ein, Freudenbotschafter in unserem eigenen Leben und in dem der Menschen um uns herum zu sein.

Geisteswirbelstürmer-Tipps: Freudenritual

Probieren Sie Claras "Freudenritual" aus oder kreieren Sie Ihr eigenes. Es kann so einfach sein wie das Singen Ihrer Lieblingslieder unter der Dusche, das Schreiben eines Dankbarkeitsgedankens in ein Tagebuch oder das Genießen einer Tasse Tee in der Morgensonne.

Der Schlüssel liegt darin, die Aktivität bewusst und mit Freude zu wählen.

Inspirierendes Zitat

Freude ist nicht in den Dingen, sie ist in uns.

von Richard Wagner

Dieses Zitat erinnert uns daran, dass die Quellen der Freude und Heiterkeit bereits in uns liegen. Unsere Aufgabe ist es, sie zu erkennen und zu feiern.

Die Wissenschaft. Eine Studie zum Lachen, die inspiriert.

Untersuchungen haben gezeigt, dass Lachen nicht nur die Stimmung verbessert, sondern auch gesundheitliche Vorteile hat, wie die Senkung des Stresslevels und die Stärkung des Immunsystems. Eine Studie der Universität Maryland fand heraus, dass Menschen, die regelmäßig lachen, ein geringeres Risiko für Herzerkrankungen haben. Lachen ist tatsächlich die beste Medizin!

<u>Eine weitere Studie, die inspiriert:</u>

Forschungen haben gezeigt, dass das bewusste Praktizieren von Aktivitäten, die Freude bereiten, das allgemeine Wohlbefinden steigern kann. Eine Studie der University of California fand heraus, dass Personen, die regelmäßig positive Aktivitäten ausführten, signifikante Verbesserungen in ihrer Stimmung und Zufriedenheit erlebten, verglichen mit jenen, die dies nicht taten.

Resümee

Die Entdeckung der Heiterkeit ist ein wesentlicher Schritt auf dem Weg zur Selbstliebe. Es geht darum, die kleinen Freuden des Lebens zu erkennen und zu schätzen, die unser Herz leicht und unser Gesicht hell machen. Wie Tom mit seinem Salsa-Tanz, so kann jeder von uns Aktivitäten finden, die uns Freude bereiten und uns helfen, das Leben mit einer positiven, heiteren Haltung zu betrachten.

Die Einbindung von Ritualen der Heiterkeit in unseren Alltag ist eine einfache, aber kraftvolle Methode, um unsere Reise der Selbstliebe zu bereichern. Diese Praktiken erinnern uns daran, dass Freude überall um uns herum ist, sie warten darauf, entdeckt und gefeiert zu werden. Wie Claras Geschichte zeigt, kann das bewusste Kultivieren von Freude unsere Perspektive verändern und uns helfen, das Leben in all seinen Farben zu sehen.

Während wir dieses Kapitel abschließen, hoffe ich, dass Sie inspiriert sind, Ihre eigene Quelle der Heiterkeit zu entdecken und zu pflegen. Mögen diese Praktiken Licht in Ihre Tage bringen und Sie daran erinnern, dass jeder Moment eine Gelegenheit zur Freude bietet. Ihre eigenen

Rituale der Heiterkeit zu finden und zu pflegen. Erinnern Sie sich daran, dass die Reise zur Selbstliebe auch eine Reise der Freude ist, und dass es in unserer Macht steht, diese Freude jeden Tag zu wählen.

Denken Sie daran, dass es in der Welt immer etwas gibt, das ein Lächeln auf Ihr Gesicht zaubern kann, und dass die Fähigkeit, dieses Lächeln zu finden und zu teilen, eine der größten Stärken auf Ihrem Weg zur Selbstliebe ist.

Kapitel 14:

Positivität als Lebensstil

Willkommen zu unserer Reise, in dem wir die Landschaft der Positivität erkunden – nicht als flüchtigen Besucher, sondern als dauerhaften Bewohner. Positivität als Lebensstil zu kultivieren, ist wie das Pflanzen eines Gartens, der das ganze Jahr über blüht. Es erfordert Geduld, Sorgfalt und ein bisschen schmutzige Hände – oder in diesem Fall, den Mut, unsere gewohnten Denkmuster zu hinterfragen.

Eine kleine Anekdote

Ich erinnere mich an eine Begebenheit, die meine Sicht auf Positivität veränderte. Mein Nachbar, ein älterer Herr namens Herr Müller, war bekannt für seinen unerschütterlichen Optimismus. Eines Tages, während eines besonders starken Regenschauers, sah ich ihn lächelnd im Garten stehen, den Kopf in den Nacken gelegt und den Mund weit geöffnet, um Regentropfen zu fangen. Auf meine verwunderte Nachfrage antwortete er: "Warum sollte ich auf den Regen schimpfen? Er weiß doch gar nicht, dass ich heute grillen wollte. Stattdessen genieße ich die kostenlose Dusche und das Wassersparen."

Diese Begegnung lehrte mich, dass Positivität eine Wahl ist – eine, die wir in jedem Moment treffen können.

Geisteswirbelstürmer-Tipps: Affirmationsritual

Beginnen Sie jeden Tag mit einem positiven Affirmationsritual. Stehen Sie vor dem Spiegel und wiederholen Sie eine positive Aussage über sich selbst – etwas, das Sie an sich schätzen oder ein Ziel, das Sie erreichen möchten. Zum Beispiel:

"Ich bin voller Energie und bereit, diesen Tag zu meiner Zufriedenheit zu gestalten."

Studien haben gezeigt, dass solche positiven Affirmationen das Selbstwertgefühl steigern und motivierend wirken können.

Inspirierendes Zitat

Sei die Veränderung, die du in der Welt sehen möchtest.

von Mahatma Gandhi

Dieses Zitat erinnert uns daran, dass Positivität nicht nur unsere eigene Welt verändert, sondern auch die Welt um uns herum beeinflusst. Indem wir positiv durchs Leben gehen, inspirieren wir andere, das Gleiche zu tun.

Die Wissenschaft.
Eine Studie zu positive Emotionen,
die inspiriert.

Forscher der University of North Carolina fanden heraus, dass Personen, die regelmäßig positive Emotionen erleben, kreativer, widerstandsfähiger gegenüber Stress und insgesamt gesünder sind. Positivität fördert buchstäblich unser Wohlbefinden und erweitert unsere Fähigkeit, das Leben in all seinen Facetten zu genießen.

Resümee

Positivität als Lebensstil zu wählen, bedeutet, sich bewusst für die helle Seite des Lebens zu entscheiden. Es bedeutet, wie Herr Müller, im Regen zu tanzen, statt auf die Sonne zu schimpfen. Es ist eine tägliche Praxis, die unseren Geist nährt, unser Herz erweitert und uns ermutigt, mit einer Haltung der Dankbarkeit und des Wohlwollens durchs Leben zu gehen.

Während wir dieses Kapitel abschließen, ermutige ich Sie, Ihre eigene Reise der Positivität zu beginnen. Denken Sie daran, dass jeder Tag eine neue Leinwand ist, auf der Sie mit den Farben Ihrer Gedanken und Taten malen können. Lassen Sie Ihr Leben ein Meisterwerk der Positivität sein.

Kapitel 15:

Gedankenhygiene - Den mentalen Garten pflegen

In diesem Kapitel öffnen wir das Gartentor zu unserem inneren Selbst und entdecken, wie wichtig es ist, unseren mentalen Garten zu pflegen. Wie bei jedem Garten bedarf es der regelmäßigen Pflege, um Unkraut – in Form von negativen Gedanken – zu entfernen und die Blumen – unsere positiven Gedanken und Gefühle – zu nähren.

Erkenntnisse durch Erlebnisse von einem Geisteswirbelstürmer

Ich erinnere mich an Lisa, die sich in einer schwierigen Lebensphase befand. Sie fühlte sich überwältigt von negativen Gedanken, die wie Unkraut in ihrem mentalen Garten wucherten. Lisa entschied sich für einen radikalen Schritt: Sie begann, täglich "mentales Unkrautjäten" zu praktizieren. Jeden Morgen schrieb sie die negativen Gedanken auf, die sie loslassen wollte, und ersetzte sie durch positive Affirmationen.

Dieser Prozess half ihr, das Gleichgewicht in ihrem inneren Garten wiederherzustellen und neue, positive Gedanken zu kultivieren.

Geisteswirbelstürmer-Tipps: mentales Unkrautjätens

Probieren Sie Lisas Methode des "mentalen Unkrautjätens" aus.

Beginnen Sie Ihren Tag, indem Sie jegliche negativen Gedanken aufschreiben, die Sie belasten. Verbrennen Sie das Papier dann sicher oder zerreißen Sie es, als symbolischen Akt des Loslassens. Ersetzen Sie diese negativen Gedanken durch positive Affirmationen, die Sie auf einem neuen Blatt notieren und sichtbar in Ihrem Wohnraum platzieren.

Entdecke auf Seite 73 eine geballte Ladung positiver Affirmationen!

Aber das ist noch längst nicht alles - im "Tagebuch der Positivität" und auf unserer Instagram-Seite @Geisteswirbelstürmern sowie auf Facebook unter "Ich – Im Wirbelwind des Geistes" erwarten dich noch mehr inspirierende Affirmationen. Tauche ein und lass dich von positiven Gedanken mitreißen!

Inspirierendes Zitat

> Der Geist ist alles; was Du denkst, das wirst Du.
>
> *von Buddha*

Dieses Zitat unterstreicht die Macht unserer Gedanken und wie sie unsere Realität formen. Indem wir lernen, unsere Gedanken bewusst zu wählen, können wir den Kurs unseres Lebens in eine positive Richtung lenken.

Die Wissenschaft. Eine Studie zu Achtsamkeitsmeditation, die inspiriert.

Forschungen an der Universität Harvard zeigen, dass Achtsamkeitsmeditation das Gehirn tatsächlich verändern kann, indem sie Bereiche stärkt, die mit positiven Emotionen, Selbstregulation und Empathie verbunden sind. Teilnehmer, die regelmäßig meditierten, berichteten von einem erhöhten Wohlbefinden und einer verbesserten Fähigkeit, mit Stress umzugehen.

Resümee

Die Pflege unseres mentalen Gartens ist eine fortlaufende Aufgabe, die Achtsamkeit, Hingabe und Geduld erfordert. Doch die Belohnung – ein blühender Garten voller Positivität und Freude – ist jeden investierten Tropfen Schweiß wert. Wie Lisa uns lehrt, haben wir die Macht, die Landschaft unseres inneren Selbst zu gestalten, indem wir lernen, negative Gedanken loszulassen und positive Gedanken und Gefühle zu kultivieren.

Während wir dieses Kapitel abschließen, möge es Sie ermutigen, Ihren eigenen mentalen Garten mit Liebe und Sorgfalt zu pflegen. Denken Sie daran, dass jeder Tag eine neue Gelegenheit bietet, zu wachsen, zu blühen und die Früchte Ihrer inneren Arbeit zu ernten.

Kapitel 16:

Die Macht der Resilienz: Stärker aus Herausforderungen hervorgehen

In diesem Kapitel unserer Reise möchten wir uns der transformierenden Kraft der Resilienz widmen. Resilienz ist wie ein kostbares Juwel, das in uns schlummert und in Zeiten der Herausforderung ans Licht kommt, um uns stärker und weiser zu machen.

Resilienz ist wie der Superheldenanzug, der uns in Zeiten der Not schützt und uns stärker aus Herausforderungen hervorgehen lässt.

Die Wichtigkeit der Resilienz

Bevor wir uns tiefer mit dem Thema Resilienz beschäftigen, lass uns darüber sprechen, warum sie von entscheidender Bedeutung ist. Das Leben ist voller Höhen und Tiefen, und in schwierigen Zeiten ist Resilienz das, was uns auf den Beinen hält. Studien haben gezeigt, dass resiliente Menschen besser in der Lage sind, mit Stress umzugehen, psychische Gesundheit zu bewahren und sich schneller von Rückschlägen zu erholen.

Was ist eigentlich Resilienz ?

Resilienz ist wie der Superheld unter den persönlichen Eigenschaften. Es ist die Fähigkeit, sich in schwierigen Situationen zu behaupten, sich zu erholen und sogar zu blühen, egal wie hart der Schlag ist. Resiliente Menschen sind wie Bambus - flexibel, stark und in der Lage, den stärksten Stürmen standzuhalten.

Schauen wir uns genauer an, was Resilienz ausmacht.

Widerstandsfähigkeit gegenüber Stress

Stell dir vor, du bist wie ein Kung-Fu-Meister, der gelassen bleibt, während um dich herum das Chaos herrscht. Resiliente Menschen können mit Stress jonglieren, ohne dass es ihre innere Ruhe stört. Sie behalten einen klaren Kopf, auch wenn es um sie herum hektisch wird.

Anpassungsfähigkeit

Wie ein Chamäleon passen sich resiliente Menschen schnell an neue Situationen an. Sie sind flexibel und können sich wie ein Fisch im Wasser in verschiedenen Umgebungen bewegen, ohne aus der Bahn geworfen zu werden.

Positives Denken

Resiliente Menschen haben eine Art Superkraft - sie sehen immer das Licht am Ende des Tunnels. Selbst wenn der Tunnel ziemlich dunkel ist, glauben sie fest daran, dass sie den Ausgang finden werden. Sie sehen Rückschläge als Gelegenheit, zu wachsen und sich weiterzuentwickeln.

Selbstbewusstsein und Selbstwertgefühl

Wie ein Löwe, der stolz über die Savanne streift, haben resiliente Menschen ein starkes Selbstbewusstsein und Selbstwertgefühl. Sie glauben an sich selbst und wissen, dass sie jede Herausforderung meistern können, die das Leben ihnen bietet.

Soziale Unterstützung

Resiliente Menschen sind keine einsamen Wölfe. Sie haben ein starkes soziales Netzwerk von Freunden, Familie und Kollegen, auf das sie sich verlassen können, wenn sie Hilfe brauchen. Wie eine Bande von Superhelden unterstützen sie sich gegenseitig und ziehen sich gegenseitig aus dem Sumpf der Schwierigkeiten.

Aber wie wird man zum Superhelden der Resilienz?

Nun, es ist keine angeborene Fähigkeit, sondern etwas, das wir entwickeln und stärken können. Es ist wie ein Training für deine Superkräfte:

Entwicklung von Problemlösungsstrategien

Stelle dir vor, du bist in einem Escape Room und musst verschiedene Rätsel lösen, um herauszukommen. Resiliente Menschen entwickeln ähnliche Strategien, um aus schwierigen Situationen herauszukommen. Sie brechen große Probleme in kleine Teile auf und finden praktische Lösungen.

Förderung von sozialen Beziehungen

Wie eine Pflanze, die Wasser und Sonnenschein braucht, um zu wachsen, brauchen wir auch die Unterstützung anderer, um resilient zu sein. Pflege deine Beziehungen, sei ein guter Freund und baue ein starkes soziales Netzwerk auf.

Pflege eine positive Einstellung

Stell dir vor, du trägst eine rosarote Brille, die alles in einem positiven Licht erscheinen lässt. Resiliente Menschen haben eine ähnliche Einstellung - sie sehen die Welt mit Optimismus und Hoffnung, selbst in dunklen Zeiten.

Bewältigung von Stress

Denke an Stressbewältigungstechniken wie Meditation, Yoga oder Sport als dein persönliches Fitnessprogramm für die Resilienz. Diese Aktivitäten helfen dir, Stress abzubauen und deine inneren Superkräfte zu stärken.

Meine eigene Reise zur Resilienz

Ich erinnere mich an eine besonders turbulente Phase in meinem Leben, in der sich eine Krise nach der anderen zu häufen schien. Es fühlte sich an, als ob das Universum mich auf die Probe stellte. Doch inmitten des Chaos erkannte ich, dass ich eine Wahl hatte – ich konnte zusammenbrechen oder meine innere Resilienz aktivieren.

Ich wählte letzteres und begann, die Kraft der Resilienz zu entdecken.

Geisteswirbelstürmer-Tipps:
Die Resilienz-Liste

Eine praktische Übung, um deine Resilienz zu stärken, ist die Erstellung einer Resilienz-Liste. Schreibe auf, welche Herausforderungen du in der Vergangenheit gemeistert hast und wie du das geschafft hast. Dies erinnert dich daran, dass du bereits über innere Stärke verfügst, auf die du zurückgreifen kannst.

Erkenntnisse durch Erlebnisse von einem Geisteswirbelstürmer

Lerne Emily kennen, eine beeindruckende Frau, die eine unglaubliche Reise der Resilienz hinter sich hat.

Sie überwand schwere persönliche Verluste und existenzielle Krisen, indem sie sich auf ihre innere Stärke und ihren Glauben an sich selbst verließ.

Emily ist heute ein inspirierendes Beispiel dafür, wie Resilienz uns in den dunkelsten Stunden leiten kann.

Inspirierendes Zitat

"Das Leben mag uns zu Boden werfen, aber wir haben die Wahl, wieder aufzustehen."

von Unbekannt

Die Werkzeuge der Resilienz

Resilienz ist keine angeborene Eigenschaft, sondern eine Fähigkeit, die wir entwickeln können. Zu den Werkzeugen der Resilienz gehören:

- Akzeptanz – Lerne, dass Veränderungen und Herausforderungen Teil des Lebens sind.
- Selbstfürsorge – Kümmere dich gut um dich selbst, sowohl körperlich als auch mental.
- Lösungsorientiertes Denken – Fokussiere dich auf Lösungen statt auf Probleme.
- Soziale Unterstützung – Suche Hilfe und Unterstützung bei Freunden und Familie.
- Achtsamkeit – Praktiziere Achtsamkeit, um in schwierigen Momenten Ruhe zu bewahren.
- Positive Selbstgespräche – Nutze positive Affirmationen, um dich selbst zu stärken.
- Soziale Unterstützung – Verbinde dich mit Freunden und Familie, um Unterstützung in schwierigen Zeiten zu erhalten.
- Flexibilität – Sei offen für Veränderungen und passe dich neuen Herausforderungen an.
- Problemlösung – Entwickle Fähigkeiten zur Problemlösung, um Hindernisse zu überwinden.

Nenne Probleme lieber Herausforderungen!

Resümee

Die Macht der Resilienz ist eine wertvolle Gabe, die in jedem von uns steckt. Sie erinnert uns daran, dass wir trotz aller Widrigkeiten die Fähigkeit haben, stärker aus Herausforderungen hervorzugehen. Auf unserer Reise zur Selbstliebe, Heiterkeit und positiven Gedanken ist die Resilienz unser treuer Begleiter. Lass uns also gemeinsam stärker werden und das Leben in vollen Zügen genießen.

Insgesamt ist Resilienz eine unglaublich wichtige Fähigkeit, die uns hilft, die Stürme des Lebens zu überstehen und gestärkt daraus hervorzugehen. Es ist wie ein unsichtbarer Schutzschild, der uns vor den Herausforderungen des Lebens schützt und uns befähigt, unser volles Potenzial zu entfalten. Also, sei mutig, sei stark und werde zum Superhelden deiner eigenen Resilienzgeschichte!

Auf unserer Reise zur Selbstliebe, Heiterkeit und positiven Gedanken ist Resilienz unser treuer Begleiter. Lass uns also gemeinsam stärker werden und das Leben in vollen Zügen genießen.

<u>Kapitel 17:</u>

<u>Beziehungen neu gestalten -</u>
<u>Liebe beginnt bei dir</u>

Ein weitere wichtiger Schritt bei Deiner Reise zur Selbstliebe, ist das erkunden, wie die Liebe zu uns selbst die Grundlage für alle unsere Beziehungen bildet. Die Art und Weise, wie wir uns selbst sehen und behandeln, spiegelt sich oft in unseren Interaktionen mit anderen wider. Durch Selbstliebe können wir unsere Beziehungen auf eine tiefere und erfüllendere Ebene bringen.

<u>Erkenntnisse durch Erlebnisse von einem Geisteswirbelstürmer</u>

Ich Denke gerade an Julia, die lange Zeit in einer Beziehung war, in der sie sich oft unzulänglich fühlte. Erst als sie begann, an ihrer Selbstliebe zu arbeiten, erkannte sie, dass sie nicht weniger Liebe verdiente, weil sie unvollkommen war. Diese Erkenntnis führte dazu, dass sie offener und selbstbewusster in ihrer Beziehung wurde, was letztlich die Dynamik zwischen ihr und ihrem Partner zum Positiven veränderte. Julias Geschichte lehrt uns, dass der erste Schritt zur Verbesserung unserer Beziehungen darin besteht, die Beziehung zu uns selbst zu heilen.

Geisteswirbelstürmer-Tipps: Spiegelgespräch

Auch hier sind Affirmationen eine kraftvolle Übung zur Förderung der Selbstliebe und damit zur Verbesserung unserer Beziehung ist das "Spiegelgespräch".

Stellen Sie sich täglich für ein paar Minuten vor einen Spiegel und sprechen Sie positive Affirmationen zu sich selbst. Beginnen Sie mit Sätzen wie

"Ich bin es wert, geliebt zu werden"

oder

"Ich akzeptiere mich voll und ganz".

Diese Praxis kann helfen, das Selbstwertgefühl zu stärken und eine Grundlage der Akzeptanz und Liebe zu schaffen, die in alle unsere Beziehungen ausstrahlt.

Inspirierendes Zitat

Wir können andere nur so sehr lieben, wie wir uns selbst lieben." –

von Brené Brown

Dieses Zitat von Brené Brown unterstreicht die untrennbare Verbindung zwischen Selbstliebe und der Liebe, die wir anderen entgegenbringen können. Es erinnert uns daran, dass die Arbeit an unserer eigenen Selbstakzeptanz und Selbstwertschätzung der Schlüssel ist, um gesunde und erfüllende Beziehungen zu führen.

Die Wissenschaft.
Eine Studie zur Selbstachtung, die inspiriert.

Forschungen haben gezeigt, dass Menschen, die eine hohe Selbstachtung haben, gesündere und stabilere Beziehungen führen. Eine Studie der University of Waterloo fand heraus, dass Menschen mit einer positiven Selbstwahrnehmung weniger Zweifel in ihren Beziehungen haben und besser in der Lage sind, offene und unterstützende Partnerschaften zu pflegen.

Resümee

Die Neugestaltung unserer Beziehungen beginnt mit der liebevollen Annahme unserer selbst. Indem wir uns selbst mit Freundlichkeit, Mitgefühl und Verständnis begegnen, legen wir den Grundstein für Beziehungen, die auf denselben Werten basieren. Wie Julias Erfahrung zeigt, führt die Reise der Selbstliebe nicht nur zu einem erfüllteren Ich, sondern auch zu tieferen, bedeutungsvolleren Verbindungen mit den Menschen in unserem Leben.

Während wir dieses Kapitel abschließen, lade ich Sie ein, die Praxis der Selbstliebe zu vertiefen und zu erkunden, wie sie Ihre Beziehungen transformieren kann. Denken Sie daran, dass jede Beziehung, die Sie pflegen, mit der Beziehung beginnt, die Sie zu sich selbst haben. Möge dieses Kapitel Ihnen als Leitfaden dienen, um sowohl die Liebe zu sich selbst als auch die Liebe zu anderen zu stärken.

Kapitel 18:

Selbstfürsorge - Priorität für das eigene Wohlbefinden

In diesem Kapitel unserer Reise erkunden wir die
wundersame Welt der Selbstfürsorge, jenes geheimnisvolle
Land, in dem das Tun kleiner Dinge große Freude bereiten
kann. Selbstfürsorge ist nicht nur ein Trend, sondern eine
lebensnotwendige Praxis, die uns erlaubt, unser eigenes
Wohlbefinden zu nähren und zu schützen.

Erkenntnisse durch Erlebnisse von einem Geisteswirbelstürmer

Markus ein Geisteswirbelstürmer der ersten Stunde, der
sich in der rastlosen Welt der modernen Technologie
verloren fühlte. Zwischen endlosen E-Mails und der Flut
von Nachrichten auf Social Media vergaß Markus, was es
bedeutet, einfach mal abzuschalten. Erst als sein Telefon
eines Tages den Geist aufgab, entdeckte Markus die Freude
am echten Leben wieder. Er begann, Spaziergänge in der
Natur zu machen, echte Bücher zu lesen und Zeit mit
Freunden zu verbringen – ohne Bildschirm dazwischen.
Markus' Geschichte ist ein lebhaftes Beispiel dafür, wie die
bewusste Entscheidung zur Selbstfürsorge unseren Alltag
bereichern kann.

Geisteswirbelstürmer-Tipps: Technik-Diät

Probieren Sie die "Technik-Diät": Legen Sie für eine Stunde am Tag alle elektronischen Geräte beiseite und widmen Sie sich einer Aktivität, die Sie erdet und entspannt. Sei es das Lesen eines Buches, das Malen, das Schreiben in einem Tagebuch oder einfach das Beobachten der Wolken – diese Stunde gehört ganz Ihnen und Ihrem Wohlbefinden.

Inspirierendes Zitat

Fast alles wird besser,

wenn man sich eine Auszeit nimmt.

Von Unbekannt

Dieses Zitat erinnert uns daran, dass eine Pause, eine bewusste Auszeit, oft alles ist, was wir brauchen, um unseren Geist zu erneuern und unsere Batterien wieder aufzuladen.

Die Wissenschaft. Eine Studie, die inspiriert.

Untersuchungen haben gezeigt, dass regelmäßige Pausen von der Technik und bewusste Momente der Stille das Stresslevel senken und die Kreativität fördern können. Eine Studie der University of British Columbia fand heraus, dass Teilnehmer, die bewusst Zeit offline verbrachten, eine höhere Zufriedenheit mit ihrem Leben und geringere Angstzustände berichteten.

Resümee

Selbstfürsorge ist eine liebevolle Erinnerung an uns selbst, dass wir es wert sind, gepflegt und geschätzt zu werden. Sie ist der Schlüssel, um in einer Welt voller Lärm und Ablenkungen unser inneres Gleichgewicht zu bewahren. Wie Markus' Erfahrung zeigt, beginnt die Reise der Selbstfürsorge oft mit der einfachen Entscheidung, uns selbst – und unser Wohlbefinden – zur Priorität zu machen.

Während wir dieses Kapitel abschließen, möge es sie Geisteswirbelstürmer ermutigen, Ihre eigenen Selbstfürsorgepraktiken zu erkunden und zu vertiefen. Denken Sie daran, dass Selbstfürsorge in vielen Formen kommt und das Wichtigste ist, Aktivitäten zu finden, die für Sie persönlich nährend und erfüllend sind. Möge Ihr Weg der Selbstfürsorge ein leuchtender Pfad voller Freude, Frieden und Zufriedenheit sein.

Kapitel 19:

In der Stille strahlen - Die Bedeutung von Ruhe und Meditation

Willkommen im neuen Kapitel unserer Reise, in dem wir die Stille als Quelle der Kraft und der Selbstliebe entdecken. In unserer hektischen Welt kann die Fähigkeit, Ruhe zu finden und zu schätzen, ein wahrer Schatz sein, ein leuchtender Stern, der den Weg zu tieferem inneren Frieden weist.

Erkenntnisse durch Erlebnisse von einem Geisteswirbelstürmer

Lassen Sie uns die Geschichte von Ben erzählen, einem stets beschäftigten Manager, dessen Leben von Terminen und To-do-Listen dominiert wurde. Ben fand Ruhe weder zu Hause noch bei der Arbeit, bis er eines Tages, ganz unerwartet, in einem stillen Park auf einer Bank saß. Umgeben von der Ruhe der Natur und dem sanften Plätschern eines nahegelegenen Teichs, fühlte Ben zum ersten Mal seit Langem eine tiefe, beruhigende Stille. Diese unerwartete Begegnung mit der Stille lehrte Ben, dass wahre Erholung und Klarheit in Momenten der Ruhe zu finden sind, und inspirierte ihn, täglich Zeit für Stille und Meditation einzuplanen.

Geisteswirbelstürmer-Tipps: Atemmeditation

Beginnen Sie mit einer einfachen Atemmeditation, um die Ruhe in Ihren Alltag einzuladen.

Setzen Sie sich für fünf Minuten an einen ruhigen Ort, schließen Sie die Augen und konzentrieren Sie sich auf Ihren Atem. Beobachten Sie, wie die Luft ein- und ausströmt, und lassen Sie mit jedem Atemzug die Anspannung los.

Diese Praxis kann Ihnen helfen, einen inneren Ort der Stille zu finden, auch inmitten eines turbulenten Tages.

Inspirierendes Zitat

Ruhe ist nicht die Abwesenheit von Lärm, sondern die Anwesenheit von Frieden.

von Unbekannt

Dieses Zitat erinnert uns daran, dass Ruhe mehr ist als nur die Abwesenheit von Geräuschen; es ist ein Zustand des Geistes, ein innerer Frieden, den wir auch in der lauten Außenwelt finden können.

Die Wissenschaft. Eine Studie, die inspiriert.

Forschungen haben gezeigt, dass regelmäßige Meditation und stille Momente das Stresslevel reduzieren, die Konzentration verbessern und das allgemeine Wohlbefinden steigern können. Eine Studie des National Center for Complementary and Integrative Health fand heraus, dass Meditation helfen kann, Symptome von Angst und Depression zu verringern und die Qualität des Schlafs zu verbessern.

Resümee

Die Entdeckung der Stille und die Praxis der Meditation sind wertvolle Werkzeuge auf dem Weg zur Selbstliebe. Sie erlauben uns, über den Lärm des Alltags hinauszuhören und unser inneres Licht zu finden und zu nähren. Wie Bens Erfahrung zeigt, kann die bewusste Entscheidung, Ruhe zu suchen und zu schätzen, unser Leben auf tiefgreifende Weise bereichern.

Während wir dieses Kapitel abschließen, möge es Sie ermutigen, die Ruhe als Quelle der Stärke zu erkunden. Mögen die stillen Momente, die Sie sich schenken, Ihr inneres Licht zum Strahlen bringen und Ihnen helfen, auf Ihrem Weg zur Selbstliebe und zum inneren Frieden voranzuschreiten.

Kapitel 20:

Von innen leuchten
Das eigene Licht nicht verstecken

Willkommen im zwanzigsten Kapitel unserer
Entdeckungsreise zur Selbstliebe, wo wir erfahren , wie Du
Dein inneres Licht mutig in die Welt tragen kannst. Jeder
von uns besitzt ein einzigartiges Leuchten, geformt durch
unsere Geschichten, Träume und Leidenschaften. Dieses
Kapitel feiert die Kraft, die in der Annahme und dem
Ausdruck unseres wahren Selbst liegt.

Erkenntnisse durch Erlebnisse von einem Geisteswirbelstürmer

Geisteswirbelstürmerin Melanie, eine zurückhaltende
Buchhalterin mit einer Leidenschaft für die Poesie, verbarg
lange ihr schriftstellerisches Talent. Doch als sie sich dazu
entschloss, ihre Gedichte bei einem lokalen
Literaturabend vorzutragen, entdeckte sie nicht nur die
Freude am Teilen ihrer Werke, sondern auch eine
Gemeinschaft, die ihre Leidenschaft teilte. Melanies
Erfahrung zeigt uns, wie befreiend es sein kann, wenn wir
unser Licht nicht unter den Scheffel stellen, sondern es
stattdessen mutig leuchten lassen.

Geisteswirbelstürmer-Tipps:
Talent-Tagebuch

Das Talent-Tagebuch: Beginnen Sie ein Tagebuch, in dem Sie Ihre Talente, Leidenschaften und Momente, in denen Sie sich besonders lebendig fühlen, festhalten. Diese Übung hilft Ihnen, Ihre einzigartigen Gaben zu erkennen und zu schätzen und kann der erste Schritt sein, diese mehr in Ihr Leben zu integrieren.

Inspirierendes Zitat

Es gibt Menschen, die so viel Licht in die Welt bringen, dass selbst nach ihrem Vergehen die Sonne scheint."

von Unbekannt

Dieses Zitat erinnert uns daran, dass unser inneres Licht eine kraftvolle Quelle der Inspiration und Freude für andere sein kann. Unsere Aufgabe ist es, dieses Licht zu pflegen und mutig mit der Welt zu teilen.

Die Wissenschaft.
Eine Studie zum Selbstwertgefühl, die inspiriert.

Untersuchungen haben gezeigt, dass das Teilen unserer Talente und Leidenschaften nicht nur unser Selbstwertgefühl stärkt, sondern auch positive Auswirkungen auf unser soziales Umfeld hat. Eine Studie der Harvard University fand heraus, dass Menschen, die ihre persönlichen Stärken bei der Arbeit einsetzen, signifikant zufriedener und engagierter sind.

Resümee

Dieses Kapitel lädt uns ein, unser inneres Licht zu erkennen und es stolz zu präsentieren. Es geht darum, die Schönheit unseres wahren Selbst zu erkennen und zu akzeptieren, dass wir es wert sind, gesehen zu werden. Wie Melanies Geschichte zeigt, kann der mutige Schritt, unser Licht nicht zu verstecken, unser Leben und das Leben der Menschen um uns herum bereichern.

Möge dieses Kapitel Sie ermutigen, Ihr inneres Licht zu umarmen und es hell in Ihrer Welt scheinen zu lassen. Erinnern Sie sich daran, dass Ihr Licht einzigartig ist und dass die Welt heller ist, weil Sie darin sind.

Kapitel 21:

Grenzen setzen - Nein sagen lernen

Im diesem Kapitel unserer Reise zur Selbstliebe tauchen wir in die Kunst des Grenzensetzens ein, eine Fähigkeit, die es uns ermöglicht, unser Wohlbefinden zu schützen und zu respektieren. Grenzen zu setzen ist nicht immer leicht, kann aber mit Humor und Selbstbewusstsein zu einem wesentlichen Bestandteil eines erfüllten Lebens werden.

Erkenntnisse durch Erlebnisse von einem Geisteswirbelstürmer

Ich erinnern mich an Emma, die immer "Ja" sagte – zu Überstunden, zu Bitten von Freunden, die sie eigentlich überforderten, und zu Verpflichtungen, die sie nicht erfüllen wollte. Eines Tages, als sie gebeten wurde, bei der Arbeit noch eine zusätzliche Schicht zu übernehmen, platzte ihr der Kragen. In einem Moment der Klarheit (und mit einem Hauch von Verzweiflung) sagte sie: "Nein, ich kann nicht." Zu ihrer Überraschung fiel der Himmel nicht ein. Stattdessen fühlte sie eine tiefe Erleichterung und ein neues Gefühl der Kontrolle über ihr eigenes Leben. Emmas Geschichte zeigt, dass das Setzen von Grenzen nicht nur notwendig ist, sondern uns auch die Freiheit gibt, unsere eigenen Bedürfnisse zu priorisieren.

Geisteswirbelstürmer-Tipps:
Nein-Sagen-Übung

Versuchen Sie die "Nein-Sagen-Übung": Suchen Sie sich eine kleine, aber bedeutsame Anfrage, bei der Sie normalerweise "Ja" sagen würden, obwohl Sie eigentlich "Nein" meinen. Üben Sie, in dieser Situation freundlich, aber bestimmt "Nein" zu sagen. Beachten Sie, wie Sie sich dabei fühlen, und erkennen Sie, dass es in Ordnung ist, Ihre eigenen Grenzen zu setzen.

Inspirierendes Zitat

Nein zu sagen, bedeutet nicht, dass du ein schlechter Mensch bist. Es bedeutet, dass du dich selbst respektierst.

von Unbekannt

Dieses Zitat erinnert uns daran, dass das Setzen von Grenzen ein Akt des Selbstrespekts und der Selbstliebe ist. Es ist wichtig, sich daran zu erinnern, dass wir das Recht haben, unsere Zeit, Energie und Ressourcen zu schützen.

Die Wissenschaft. Eine Studie zum Grenzen setzen, die inspiriert.

Forschungen haben gezeigt, dass Menschen, die effektiv Grenzen setzen können, tendenziell ein höheres Maß an Selbstwertgefühl und Zufriedenheit im Leben aufweisen. Eine Studie der University of California fand heraus, dass das klare Kommunizieren von Grenzen in Beziehungen zu tieferen und erfüllenderen Verbindungen führt.

Resümee

Das umsetzen, "Nein" zu sagen und Grenzen zu setzen, ist ein wesentlicher Schritt auf dem Weg zur Selbstliebe. Es erlaubt uns, unsere eigenen Bedürfnisse zu erkennen und zu respektieren, und lehrt uns, unser Leben nach unseren eigenen Vorstellungen zu gestalten. Wie Emmas Erfahrung zeigt, kann das Entdecken unserer Fähigkeit, "Nein" zu sagen, befreiend sein und uns helfen, ein authentischeres und zufriedeneres Leben zu führen.

Während wir dieses Kapitel abschließen, möge es Sie ermutigen, Ihre eigenen Grenzen zu erkunden und zu stärken. Mögen Sie die Kraft finden, "Nein" zu sagen, wenn es notwendig ist, und dadurch ein größeres "Ja" zu sich selbst und Ihrem Wohlbefinden sagen.

Kapitel 22:

Die Farben der Freude: Kreativität als Ausdruck von Selbstliebe

In diesem Kapitel wenden wir uns der schillernden Welt der Kreativität zu – einem Universum, in dem die Farben der Freude leuchten und die Grenzen des Möglichen ständig neu definiert werden. Kreativität als Ausdruck von Selbstliebe zu begreifen, heißt, sich selbst die Erlaubnis zu geben, zu erkunden, zu erschaffen und zu spielen, frei von Urteilen und Erwartungen.

Erkenntnisse durch Erlebnisse von einem Geisteswirbelstürmer

Elsa, eine Innenarchitektin, fand ihre wahre Leidenschaft in der Malerei, einem Hobby, das sie seit ihrer Kindheit nicht mehr verfolgt hatte. Als sie sich eines Abends, getrieben von einer spontanen Eingebung, vor eine leere Leinwand setzte, begann sie ohne Plan oder Absicht zu malen. Die Farben auf der Leinwand spiegelten nicht nur ihre Gefühle wider, sondern auch die tiefe Freude und Zufriedenheit, die sie beim Malen empfand. Elsa entdeckte, dass Kreativität für sie mehr als nur ein Ausdrucksmittel war; es war eine Form der Selbstfürsorge und ein Weg, ihre innere Welt zu ehren.

Geisteswirbelstürmer-Tipps:
Die Farben-Meditation

Wählen Sie drei Farben, die Sie besonders ansprechen, und nehmen Sie sich Zeit, um zu erkunden, was diese Farben für Sie bedeuten. Verwenden Sie diese Farben in einem kreativen Projekt – sei es durch Malen, Schreiben, Kleidung oder Dekoration. Lassen Sie die Farben Ihre Stimmung, Ihre Wünsche und Ihre Persönlichkeit ausdrücken. Diese Übung fördert nicht nur Ihre Kreativität, sondern hilft auch, Ihre Verbindung zu sich selbst zu vertiefen.

Inspirierendes Zitat:

> *Kreativität ist, in Farben zu denken.*
>
> *von Paul Klee*

Dieses Zitat von Paul Klee lädt uns ein, die Welt durch eine kreative Linse zu betrachten, in der Farben eine Sprache sind, die unsere tiefsten Gefühle und Gedanken ausdrückt.

Die Wissenschaft. Eine Studie zur Kreativität, die inspiriert.

Erforschungen zur Kreativität und zum Wohlbefinden haben gezeigt, dass kreative Betätigung das Glück steigern kann. Eine Studie der New Zealand University of Otago fand heraus, dass Menschen, die regelmäßig kreativen Aktivitäten nachgehen, höhere Raten an positiven Emotionen und geringere Raten an negativen Emotionen aufweisen.

Resümee

Das Kapitel "Die Farben der Freude" lädt uns ein,
Kreativität als wesentlichen Teil unserer Reise zur
Selbstliebe zu betrachten. Wie Elsas Geschichte zeigt,
kann der Mut, kreativ zu sein und uns durch Farben,
Formen und Texte auszudrücken, eine Quelle der Freude
und ein kraftvolles Mittel zur Selbstentdeckung sein.

Möge dieses Kapitel Sie dazu inspirieren, Ihre kreative
Seite zu erkunden und zu feiern. Erinnern Sie sich daran,
dass Kreativität in vielfältigen Formen vorkommt –
Malerei, Schreiben, Tanzen, Kochen oder sogar Gärtnern –
und jeder Ausdruck ein Akt der Selbstliebe ist, der Ihr
Leben mit den leuchtenden Farben der Freude füllen
kann.

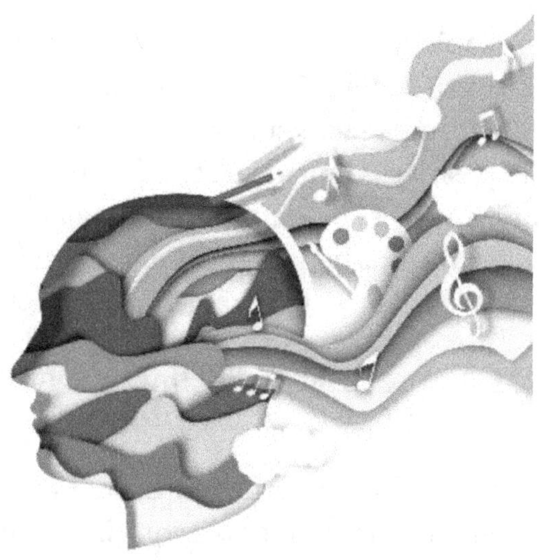

Kapitel 23:

Positives Umfeld
Sich mit Licht umgeben:
Den Körper als Tempel ehren

In diesem Kapitel schauen wir uns an, wie die Schaffung eines positiven Umfelds und die Pflege unseres Körpers Hand in Hand gehen, um unser Wohlbefinden und unsere Selbstliebe zu stärken. Der Körper als Tempel zu ehren bedeutet, ihn mit Sorgfalt, Respekt und Liebe zu behandeln und ein Umfeld zu schaffen, das diese Haltung widerspiegelt.

In diesem Kapitel erkunden wir, wie das bewusste Schaffen eines positiven Umfelds eine essenzielle Rolle in unserer Reise zur Selbstliebe und zum allgemeinen Wohlbefinden spielt. Ein positives Umfeld zu schaffen, bedeutet, sich bewusst für Menschen, Räume und Aktivitäten zu entscheiden, die uns nähren, inspirieren und unser inneres Licht zum Strahlen bringen.

Erkenntnisse durch Erlebnisse von einem Geisteswirbelstürmer

Sophie, eine Grafikdesignerin, teilte ihre Erfahrung, wie der Wechsel ihres Arbeitsplatzes von einem dunklen, isolierten Büro zu einem hellen, gemeinschaftlichen Arbeitsraum nicht nur ihre Kreativität, sondern auch ihre Einstellung zum Leben veränderte. Der tägliche Austausch mit kreativen Köpfen, die natürliche Beleuchtung und die

Pflanzen in ihrem neuen Arbeitsumfeld ließen Sophie aufblühen. Sie lernte, dass unsere Umgebung stark beeinflusst, wie wir uns fühlen und denken, und dass das Erschaffen eines Raums, der das Licht widerspiegelt, das wir in uns tragen, ein kraftvoller Schritt zur Selbstliebe ist.

Geisteswirbelstürmer-Tipp: Die Umfeld-Überprüfung

Nehmen Sie sich einen Moment Zeit, um Ihre häufigsten Umgebungen zu bewerten – Ihr Zuhause, Ihren Arbeitsplatz, Ihre sozialen Kreise. Fragen Sie sich: Fördern diese Umgebungen mein Wohlbefinden? Ermutigen sie mich, mein Bestes zu geben?

Wenn nicht, überlegen Sie kleine Änderungen, die eine große Wirkung haben könnten, wie das Hinzufügen von Pflanzen, das Ändern der Beleuchtung oder das Verbringen von mehr Zeit mit Menschen, die Sie positiv beeinflussen.

Inspirierendes Zitat

> Umgeben Sie sich mit Menschen, die nur Ihr Bestes im Sinn haben.
>
> von Unbekannt

Dieses Zitat betont die Wichtigkeit, sich bewusst für Beziehungen zu entscheiden, die uns aufbauen und unterstützen, und uns von denen zu distanzieren, die unser Licht dimmen.

Eine weitere Geisteswirbelstürmer-Tipps: Die Morgenroutine

Beginnen Sie Ihren Tag mit einer Routine, die Ihren Körper ehrt und Ihnen hilft, sich positiv auf den Tag einzustimmen. Dies könnte Yoga, Meditation, ein Spaziergang im Freien oder einfach ein paar Minuten der Stille bei einer Tasse Tee sein. Finden Sie eine Aktivität, die Ihnen Freude bereitet und Sie erdet.

Inspirierendes Zitat

> Behandle deinen Körper wie einen Tempel, nicht wie einen Holzschuppen."
> von Unbekannt

Dieses Zitat erinnert uns daran, dass unser Körper Achtung und Pflege verdient. Die Art und Weise, wie wir ihn behandeln, spiegelt unsere Selbstachtung und Liebe wider.

Die Wissenschaft. Eine Studie zur Selbstpflege, die inspiriert.

Studien haben gezeigt, dass ein positives Umfeld und regelmäßige Selbstpflegepraktiken das allgemeine Wohlbefinden steigern können. Forschungen der University of Minnesota weisen darauf hin, dass das Verbringen von Zeit in der Natur oder in einer angenehmen, beruhigenden Umgebung Stress reduzieren, die Stimmung verbessern und sogar die körperliche Gesundheit fördern kann.

<u>Resümee</u>

Dieses Kapitel lädt uns ein, die Macht eines positiven Umfelds anzuerkennen und aktiv Schritte zu unternehmen, um uns mit Licht – sowohl metaphorisch als auch buchstäblich – zu umgeben. Wie Sophies Geschichte zeigt, kann die Transformation unserer Umgebung eine Transformation in uns selbst bewirken, unsere Lebensqualität verbessern und uns ermutigen, in allen Aspekten unseres Lebens zu strahlen.

Möge dieses Kapitel Sie dazu ermutigen, ein Umfeld zu schaffen, das Ihr inneres Licht widerspiegelt, und Wege zu finden, Ihren Körper mit der Liebe und dem Respekt zu behandeln, die er verdient. Erinnern Sie sich daran, dass jeder Schritt zur Selbstpflege und zur Schaffung eines positiven Raums ein Akt der Selbstliebe ist, der Ihnen hilft, zu wachsen, zu blühen und Ihr bestes Selbst zu sein.

Seien Sie inspiriert, Ihr eigenes Umfeld zu überdenken und Schritte zu unternehmen, um einen Raum zu schaffen, der Ihr inneres Licht reflektiert und verstärkt. Erinnern Sie sich daran, dass jede Änderung, die Sie vornehmen, um sich mit Positivität zu umgeben, ein Akt der Selbstfürsorge ist, der Ihnen hilft, auf Ihrer Reise zur Selbstliebe zu wachsen.

Kapitel 24:

Bewegung und Glück: Den Körper als Tempel ehren

In diesem Kapitel tauchen wir in die synergetische Beziehung zwischen Bewegung, Glück und der Wertschätzung unseres Körpers ein. Es ist eine Ode an die Bewegung – nicht als Mittel zur Erreichung eines idealisierten Körperbildes, sondern als Akt der Liebe und des Respekts für den Körper, den wir haben.

Erkenntnisse durch Erlebnisse von einem Geisteswirbelstürmer

Tom von Kapitel 10 , fand seine Liebe zum Tanzen in einem unerwarteten Moment. Ursprünglich auf der Suche nach einer Möglichkeit dem Alltagsstress zu entfliehen, fit zu bleiben, ohne das monotone Ambiente eines Fitnessstudios, stolperte er über einen Salsa-Tanzkurs. Die anfängliche Ungeschicklichkeit verwandelte sich schnell in eine Leidenschaft, die nicht nur seine körperliche Gesundheit, sondern auch sein Selbstvertrauen und sein Glücksempfinden steigerte. Tom erkannte, dass es beim Tanzen weniger um die perfekten Schritte als vielmehr um die Freude an der Bewegung und die Verbindung mit anderen ging.

Geisteswirbelstürmer-Tipps:
Freude-am-Bewegen-Challenge

Wählen Sie eine Form der Bewegung, die Ihnen Freude bereitet – sei es Tanzen, Wandern, Yoga oder sogar lebhaftes Spazierengehen. Setzen Sie sich das Ziel, sich drei Mal pro Woche aktiv zu bewegen, und achten Sie darauf, wie Sie sich vor und nach der Aktivität fühlen. Der Fokus liegt auf der Freude und der Erfahrung, nicht auf Leistung oder Intensität.

Inspirierendes Zitat

In einem gesunden Körper wohnt ein gesunder Geist

von Juvenal

Dieses alte Sprichwort erinnert uns daran, dass die Pflege unseres Körpers und unseres Geistes Hand in Hand geht. Bewegung ist nicht nur für die körperliche Gesundheit von Bedeutung, sondern auch für unser mentales und emotionales Wohlbefinden.

Die Wissenschaft. Eine Studie, die inspiriert.

Wissenschaftliche Studien haben wiederholt gezeigt, dass regelmäßige körperliche Aktivität das Risiko von Depressionen senken und das allgemeine Glücksempfinden steigern kann. Eine Studie der Harvard T.H. Chan School of Public Health fand heraus, dass Laufen für 15 Minuten pro Tag oder Spazieren für eine Stunde das Risiko von Depressionen um 26% senken kann.

Resümee

Das dreiundzwanzigste Kapitel lädt uns ein, unseren Körper als den Tempel zu ehren, der er ist, indem wir Bewegung als eine Form der Selbstliebe und des Respekts betrachten. Wie die Geschichte von Tom zeigt, kann der Schlüssel zum Glück oft in der einfachen Freude an der Bewegung liegen, die uns erdet, verbindet und belebt.

Möge dieses Kapitel Sie dazu inspirieren, Bewegung in Ihr Leben zu integrieren, nicht als Pflicht, sondern als freudvolle Praxis der Selbstliebe. Erinnern Sie sich daran, dass jeder Schritt, jeder Tanzschritt, jede Yoga-Pose eine Feier Ihres Körpers und Ihrer Lebensfreude ist.

Kapitel 25:

Die Gemeinschaft der Selbstliebe Zusammen wachsen

Jetzt starten wir ins nächste Kapitel unserer fortlaufenden Reise zur Selbstliebe, in dem wir die Bedeutung und die Kraft der Gemeinschaft erkunden. In diesem Kapitel entdecken wir, wie das Teilen unserer Erfahrungen, Herausforderungen und Erfolge mit anderen nicht nur unsere eigenen Wege zur Selbstliebe stärken, sondern auch eine Quelle der Inspiration und Unterstützung für die um uns herum sein kann.

Erkenntnisse durch Erlebnisse von einem Geisteswirbelstürmer

Lena fand ihre Leidenschaft für das Laufen in einer Zeit, in der sie sich verloren fühlte. Anfangs lief sie allein, um ihren Gedanken zu entkommen, doch bald schloss sie sich einer Laufgruppe an. Diese Gemeinschaft von Gleichgesinnten wurde zu einer Quelle der Motivation, des Austauschs und der Freundschaft. Lena lernte, dass ihre Reise zur Selbstliebe nicht in Isolation stattfinden musste. Die Geschichten, die Lachen und selbst die Tränen, die innerhalb dieser Gemeinschaft geteilt wurden, bereicherten ihre Reise auf eine Weise, die sie allein nie erfahren hätte.

Geisteswirbelstürmer-Tipps: Dankbarkeitsrunde

Organisieren Sie ein wöchentliches Treffen mit Freunden oder Familienmitgliedern, virtuell oder persönlich, bei dem jeder die Gelegenheit hat, etwas zu teilen, wofür er in dieser Woche dankbar ist. Diese einfache Übung kann helfen, eine Kultur der Wertschätzung und des positiven Austauschs in Ihrer Gemeinschaft zu fördern.

Inspirierendes Zitat

Allein können wir so wenig tun; zusammen können wir so viel tun

von Helen Keller

Dieses Zitat von Helen Keller erinnert uns an die immense Kraft der Gemeinschaft und daran, wie wichtig es ist, sich mit Menschen zu umgeben, die uns auf unserer Reise unterstützen und ermutigen.

Die Wissenschaft. Eine Studie zur Gemeinschaft, die inspiriert.

Forschungen haben gezeigt, dass soziale Unterstützung ein Schlüsselfaktor für psychisches Wohlbefinden und Resilienz ist. Eine Studie der Brigham Young University fand heraus, dass Menschen mit starken sozialen Bindungen eine höhere Lebenserwartung haben, was die Bedeutung der Gemeinschaft für unsere Gesundheit und unser Glück unterstreicht.

Resümee

Dieses Kapitel lädt uns ein, die Gemeinschaft als integralen Bestandteil unserer Reise zur Selbstliebe zu betrachten. Wie Lenas Erfahrung zeigt, kann der Austausch mit anderen unsere Perspektive erweitern, uns neue Wege der Selbstfürsorge lehren und uns daran erinnern, dass wir nicht allein sind. In der Gemeinschaft finden wir Verständnis, Mitgefühl und eine geteilte Freude, die unsere individuellen Reisen zur Selbstliebe bereichert.

Möge dieses Kapitel Sie dazu inspirieren, Ihre Gemeinschaft zu finden oder zu stärken und die Reise zur Selbstliebe gemeinsam mit anderen zu gehen. Erinnern Sie sich daran, dass in der Verbundenheit eine tiefe Kraft liegt, die uns allen hilft, gemeinsam zu wachsen und zu leuchten.

Kapitel 26:

Die Kunst des Zuhörens -
Sich selbst und anderen lauschen

Nun kommt ein Kapitel, das die Bedeutung der Kommunikation – mit uns selbst und mit anderen – in den Vordergrund rückt. In einer Welt voller Lärm und Ablenkung ist die Fähigkeit, wirklich zuzuhören, ein Geschenk, das Verständnis, Verbindung und Heilung fördert.

Erkenntnisse durch Erlebnisse von einem Geisteswirbelstürmer

Der Geisteswirbelstürmer Peter, ein leidenschaftlicher Geschichtenerzähler, der erkannte, dass die größte Herausforderung nicht darin bestand, gehört zu werden, sondern selbst zuzuhören. In Gesprächen mit Freunden und Familie bemerkte Peter oft, dass er bereits seine Antwort formulierte, bevor der andere überhaupt zu Ende gesprochen hatte. Dies änderte sich, als Peter an einem Workshop für aktives Zuhören teilnahm. Er lernte, die Kunst des Zuhörens zu kultivieren – eine Praxis, die nicht nur seine Beziehungen, sondern auch seine Selbstwahrnehmung tiefgreifend veränderte. Peters Geschichte zeigt uns, dass Zuhören eine Form der Liebe ist, sowohl zu uns selbst als auch zu anderen.

Geisteswirbelstürmer-Tipps: Spiegelgespräch

Nehmen Sie sich täglich fünf Minuten Zeit für ein "Spiegelgespräch", bei dem Sie sich selbst positiv und liebevoll erzählen, wie Ihr Tag war, und auf Ihre eigenen Worte hören. Diese Übung hilft, Selbstbewusstsein zu entwickeln und die Verbindung zu Ihren eigenen Gedanken und Gefühlen zu stärken.

Inspirierendes Zitat

Zuhören ist eine Kunst, die Geduld erfordert, Aufmerksamkeit und vor allem, das Herz zu öffnen

von Unbekannt

Dieses Zitat unterstreicht die Tiefe und die Bedeutung des Zuhörens – es ist ein Akt der Liebe, der erfordert, dass wir uns voll und ganz auf den Moment und auf unser Gegenüber einlassen.

Die Wissenschaft. Eine Studie zum Zuhören, die inspiriert.

Forschungen haben gezeigt, dass aktives Zuhören die Qualität der menschlichen Beziehungen verbessern kann, indem es Empathie und Verständnis fördert. Eine Studie der University of Michigan fand heraus, dass Paare, die Techniken des aktiven Zuhörens praktizierten, eine höhere Zufriedenheit in ihren Beziehungen berichteten.

Resümee

Dieses Kapitel lädt uns ein, die Kunst des Zuhörens zu erkunden und zu kultivieren – als Weg, uns selbst und anderen mit mehr Liebe und Verständnis zu begegnen. Wie Peters Erfahrung zeigt, kann das bewusste Praktizieren des Zuhörens unsere Beziehungen und unser Selbstverständnis auf tiefgreifende Weise bereichern.

Möge dieses Kapitel Sie dazu inspirieren, die Kunst des Zuhörens in Ihrem täglichen Leben zu praktizieren. Erinnern Sie sich daran, dass durch echtes Zuhören – sich selbst und anderen gegenüber – eine tiefere Verbindung, Verständnis und letztendlich Liebe entstehen kann.

Kapitel 27:

Lebenslanges Lernen - Die Neugierde bewahren

Willkommen im nächsten Kapitel unserer Entdeckungsreise zur Selbstliebe, ein Kapitel, das uns einlädt, die Flamme der Neugierde lebendig zu halten. In diesem Abschnitt feiern wir lebenslanges Lernen nicht nur als akademisches Unterfangen, sondern als essentiellen Teil der Selbstliebe und persönlichen Entwicklung.

Erkenntnisse durch Erlebnisse von einem Geisteswirbelstürmern

Lassen Sie mich die Geschichte von Julia erzählen, die in ihren Vierzigern beschloss, Spanisch zu lernen. Anfangs von Selbstzweifeln geplagt – "Bin ich nicht zu alt, um eine neue Sprache zu lernen?" – entdeckte sie bald die Freude am Lernen und die Befriedigung, die es mit sich brachte, sich selbst herauszufordern. Julias Reise war voller komischer Momente, wie dem Tag, an dem sie versehentlich ihren spanischen Lehrer bat, "die Giraffe zu heiraten", anstatt nach der Bibliothek zu fragen. Diese kleinen Missgeschicke und die daraus resultierenden Lacher machten das Lernen noch lohnenswerter. Julias Geschichte erinnert uns daran, dass es nie zu spät ist, Neues zu lernen und dass der Prozess selbst oft genauso bereichernd ist wie das Erreichen des Ziels.

Geisteswirbelstürmer-Tipps: Neugierde-Box

Die "Neugierde-Box": Schreiben Sie Dinge, die Sie schon immer lernen wollten, auf kleine Zettel – sei es Jonglieren, Astronomie, eine neue Sprache oder das Schreiben von Gedichten. Stecken Sie diese Zettel in eine Box und ziehen Sie jede Woche oder jeden Monat einen Zettel, um ein neues kleines Abenteuer zu beginnen. Dies hilft, die Neugierde zu kultivieren und bringt Spaß und Vielfalt in den Alltag.

Inspirierendes Zitat

> Lebe, als würdest du morgen sterben.
> Lerne, als würdest du ewig leben."
>
> von Mahatma Gandhi

Gandhis Worte fassen die Essenz lebenslangen Lernens zusammen: eine Balance zwischen dem vollständigen Erleben des gegenwärtigen Moments und der ständigen Erweiterung unseres Horizonts.

Die Wissenschaft. Eine Studie zum lebenslanges Lernen, die inspiriert.

Forschungen haben gezeigt, dass lebenslanges Lernen das Gehirn gesund hält, das Gedächtnis verbessert und sogar zur Vorbeugung von Demenz beitragen kann. Eine Studie der University of California in Irvine ergab, dass Menschen, die geistig aktive Lebensstile pflegen, eine höhere Gehirnleistung und eine geringere Abnahme der Gehirnfunktion im Alter aufweisen.

Resümee

Das sechsundzwanzigste Kapitel ermutigt uns, die Neugierde zu umarmen und das lebenslange Lernen als einen Weg zu betrachten, unsere Selbstliebe zu vertiefen und unsere Welt zu erweitern. Wie Julia und ihre sprachlichen Verwicklungen zeigen, ist der Weg des Lernens mit Freude, Humor und unerwarteten Entdeckungen gepflastert.

Möge dieses Kapitel Sie inspirieren, die Welt mit offenen Augen und einem neugierigen Herzen zu betrachten. Erinnern Sie sich daran, dass jeder Tag eine Gelegenheit bietet, etwas Neues zu lernen, sich selbst herauszufordern und auf dieser unendlichen Reise der Selbstentdeckung und Selbstliebe voranzuschreiten.

Kapitel 28:

Selbstliebe in Aktion: Konkrete Schritte zur Veränderung

In diesem Kapitel enthüllen wir die Dynamik der Selbstliebe in Aktion – eine Reise von der Theorie zur Praxis, von der Idee zur Umsetzung. Selbstliebe ist mehr als nur ein Konzept; es ist eine tägliche Praxis, eine Reihe von bewussten Entscheidungen und Handlungen, die darauf abzielen, unser Wohlbefinden zu fördern und unser Leben zum Besseren zu verändern.

Erkenntnisse durch Erlebnisse von einem Geisteswirbelstürmern

Johannes, ein Softwareentwickler, fand seine Version der Selbstliebe durch das Laufen. Anfangs war es ein Mittel, um Stress abzubauen, doch bald wurde es zu einem meditativen Erlebnis, das ihm Klarheit, Freude und ein starkes Gefühl der Selbstwertschätzung brachte. Johannes entdeckte, dass Selbstliebe in den täglichen Handlungen liegt, die uns erlauben, uns selbst zu respektieren und zu ehren. Sein Engagement für das Laufen wurde zu einem Symbol für seine größere Reise zur Selbstliebe – eine, die Disziplin, Geduld und das Commitment zu sich selbst erforderte.

Geisteswirbelstürmer-Tipps: 30-Tage-Selbstliebe-Herausforderung

Suchen Sie sich eine Aktivität, die Selbstliebe für Sie verkörpert, und verpflichten Sie sich, diese Aktivität jeden Tag für 30 Tage auszuführen.

Es kann etwas Kleines sein, wie täglich zehn Minuten früher aufzustehen, um in Ruhe einen Kaffee zu trinken, oder eine Dankbarkeitsliste zu schreiben. Das Ziel ist, durch Konstanz eine tiefe Verbindung zu sich selbst zu schaffen und zu pflegen.

Inspirierendes Zitat

Selbstliebe ist der Mut, deinen eigenen Weg zu gehen und glücklich zu sein

von Charlie Chaplin

Charlie Chaplins Worte erinnern uns daran, dass Selbstliebe die mutige Entscheidung ist, sich selbst Glück und Zufriedenheit zu priorisieren, auch wenn dies bedeutet, unkonventionelle Pfade zu beschreiten.

Die Wissenschaft. Eine Studie zum Selbstmitgefühl, die inspiriert.

Forschungen zeigen, dass Selbstmitgefühl und Selbstfürsorge zu einem besseren psychischen Wohlbefinden führen können. Eine Studie der Harvard Medical School bestätigt, dass Menschen, die regelmäßige Selbstfürsorgepraktiken anwenden, geringere Stresslevel und von ein höheres Maß an Lebenszufriedenheit berichten.

Resümee

"Selbstliebe in Aktion" fordert uns auf, über das Nachdenken über Selbstliebe hinauszugehen und sie durch konkrete Taten in unser Leben zu integrieren. Wie Johannes' Geschichte zeigt, beginnt wahrhafte Selbstliebe mit den Handlungen, die wir täglich wählen, um uns selbst zu ehren, zu respektieren und zu lieben.

Möge dieses Kapitel Sie dazu ermutigen, Selbstliebe nicht nur als einen Gedanken, sondern als eine tägliche Praxis zu betrachten. Jeder Schritt, den Sie unternehmen, um sich selbst zu lieben und zu ehren, ist ein Schritt in Richtung eines erfüllteren, glücklicheren Lebens. Erinnern Sie sich daran, dass die Reise zur Selbstliebe eine ist, die mit Geduld, Mitgefühl und beständiger Anstrengung gepflastert ist.

Kapitel 29:

Auf dem Weg bleiben - Selbstliebe als lebenslange Reise

Selbstliebe als lebenslange Reise zu begreifen, ist der Schlüssel zu einem erfüllten und glücklichen Leben. Dieses Konzept geht über temporäre Selbstfürsorge-Aktivitäten hinaus und betrachtet die tiefe, andauernde Beziehung, die wir mit uns selbst aufbauen. In diesem Kapitel erforschen wir, wie wir auf dem Weg der Selbstliebe bleiben können, selbst wenn das Leben unvorhersehbar wird und uns Herausforderungen begegnen.

Das vor letzte Kapitel stellt nicht das Ende, sondern einen neuen Anfang dar. Hier erkunden wir die Idee, dass die Reise zur Selbstliebe kein Ziel hat, an dem wir ankommen, sondern einen Weg, den wir unser Leben lang gehen.

Eine fortlaufende Reise

Selbstliebe ist keine Checkliste oder ein Ziel, das man erreicht und dann abhakt. Es ist eine fortlaufende Reise, die mit der Entwicklung unseres Selbstverständnisses und unserer Bedürfnisse einhergeht. Es geht darum, sich selbst in jeder Lebensphase zu akzeptieren und zu unterstützen, auch wenn wir wachsen und uns verändern.

Erkenntnisse durch Erlebnisse von einem Geisteswirbelstürmern

Geisteswirbelstürmer Leo, der nach vielen Jahren der Selbstverbesserung und des persönlichen Wachstums zu der Erkenntnis kam, dass Selbstliebe kein Zustand ist, den man einmal erreicht und dann für immer behält. Nach einem besonders stressigen Jahr, in dem viele seiner selbstliebenden Praktiken auf der Strecke blieben, fühlte Leo sich, als hätte er alle Fortschritte verloren. Doch dann erkannte er, dass Selbstliebe eine tägliche Entscheidung ist, eine Praxis, die man immer wieder wählt, egal wie oft man strauchelt. Diese Erkenntnis befreite Leo von dem Druck, perfekt sein zu müssen, und lehrte ihn, die Reise mit all ihren Höhen und Tiefen zu schätzen.

Erkenntnisse durch Erlebnisse von einem Geisteswirbelstürmer

Geisteswirbelstürmer Alex erzählt mir von seiner Reise der Selbstakzeptanz, die begann, als er sich in einer besonders stressigen Phase seines Lebens befand. Anfangs wandte er Selbstfürsorge nur als Reaktion auf Überarbeitung und Erschöpfung an. Doch mit der Zeit erkannte er, dass wahre Selbstliebe bedeutet, sich täglich – nicht nur in Krisenzeiten – zu pflegen und zu respektieren. Er begann, bewusste Entscheidungen zu treffen, die sein Wohlbefinden in den Mittelpunkt stellten, wie regelmäßige Meditation, das Verfolgen von Hobbys, die ihn erfüllten, und das Setzen von gesunden Grenzen in persönlichen und beruflichen Beziehungen.

Geisteswirbelstürmer-Tipps: Selbstliebe-Versprechen

Dieses persönliche Manifest sollte Aspekte umfassen, in denen Sie sich selbst Liebe, Respekt und Fürsorge zusichern.

Schreiben Sie ein Versprechen an sich selbst, das Ihre Absicht, den Weg der Selbstliebe kontinuierlich zu gehen, festhält. Dies kann einfache Sätze beinhalten wie "Ich verspreche, mir täglich Zeit für mich selbst zu nehmen" oder "Ich verspreche, mich selbst mit Güte und Geduld zu behandeln." Bewahren Sie dieses Versprechen an einem Ort auf, wo Sie es regelmäßig sehen können, als Erinnerung daran, dass Selbstliebe eine tägliche Praxis ist.

Inspirierendes Zitat

> Der Weg zur Selbstliebe ist eine Reise, die bei der Entscheidung beginnt, sich selbst als wertvoll und liebenswert zu betrachten.
>
> von Unbekannt

Dieses Zitat fängt die Essenz der Selbstliebe als lebenslange Reise ein, die mit der einfachen, aber kraftvollen Entscheidung beginnt, sich selbst als wertvoll zu sehen.

Selbstliebe ist nicht selbstsüchtig; du kannst nicht wirklich jemand anderen lieben, bis du weißt, wie man sich selbst liebt

von Unbekannt

Dieses Zitat unterstreicht, dass Selbstliebe die Grundlage dafür ist, wie wir mit anderen umgehen und wie tief wir andere lieben können. Es erinnert uns daran, dass die Arbeit, die wir in uns selbst investieren, uns nicht nur individuell bereichert, sondern auch unsere Beziehungen zu anderen verbessert.

Die Wissenschaft. Eine Studie zur Selbstliebe, die inspiriert.

Forschungen zeigen, dass die Praxis der Selbstliebe und des Selbstmitgefühls zu einer höheren Lebenszufriedenheit, mehr Resilienz und besserem Umgang mit Lebensherausforderungen führen kann. Eine Studie der Harvard University bestätigt, dass die kontinuierliche Pflege des emotionalen und psychischen Wohlbefindens essentiell für ein erfülltes Leben ist.

Eine weitere Studie, die inspiriert.

Eine weitere Studie der University of Texas entdeckte, dass Personen, die regelmäßige Selbstmitgefühlsübungen praktizierten, signifikant weniger Angst und Depression erlebten.

Resümee

Das letzte Kapitel erinnert uns daran, dass die Reise zur Selbstliebe niemals wirklich endet. Es ist ein Weg, den wir jeden Tag aufs Neue wählen – mit all seinen Herausforderungen, Freuden und Lektionen. Wie Leos Geschichte zeigt, liegt die Schönheit nicht im Erreichen eines perfekten Zustands der Selbstliebe, sondern im stetigen Streben danach, uns selbst besser zu lieben und zu verstehen.

Möge dieses Kapitel Sie dazu inspirieren, Ihre Reise der Selbstliebe mit Hingabe und Freude zu gestalten. Erinnern Sie sich daran, dass jeder Tag eine neue Gelegenheit bietet, sich selbst Liebe, Güte und Mitgefühl zu schenken.

"Selbstliebe als lebenslange Reise" ermutigt uns, uns selbst mit Freundlichkeit, Geduld und Verständnis zu begegnen. Wie Alex' Geschichte zeigt, ist es eine Reise, die Mut erfordert – den Mut, sich selbst treu zu bleiben, sich selbst in schwierigen Zeiten zu unterstützen und sich selbst genug zu lieben, um für das eigene Wohlbefinden einzustehen.

Möge dieses Kapitel Sie dazu inspirieren, Ihre eigene Reise der Selbstliebe mit Offenheit, Neugier und Freude zu betrachten. Erinnern Sie sich daran, dass jeder Schritt auf diesem Weg – sei er noch so klein – ein Akt der Selbstfürsorge ist, der Sie Ihrem wahren Selbst näher bringt.

Selbstliebe als lebenslange Reise zu begreifen, ist der
Schlüssel zu einem erfüllten und glücklichen Leben.
Dieses Konzept geht über temporäre Selbstfürsorge-
Aktivitäten hinaus und betrachtet die tiefe, andauernde
Beziehung, die wir mit uns selbst aufbauen. In diesem
Kapitel erforschen wir, wie wir auf dem Weg der
Selbstliebe bleiben können, selbst wenn das Leben
unvorhersehbar wird und uns Herausforderungen
begegnen.

https://www.istockphoto.com/de -Künstler: Olha Furmaniuk Istockphoto
Stock-Illustration ID-1483236103, Scribbr, 20. April 2023

Schlusswort:

Wenn wir das letzte Kapitel unseres Buches " Das Leuchten in Dir." umblättern, ist es, als würden wir den Sonnenuntergang nach einem langen, erfüllten Tag betrachten. Jede Seite, die wir zusammen umgeschlagen haben, war ein Schritt auf der wunderbaren Reise zur Selbstliebe, gesäumt von Lachen, Lektionen und Lichtblicken.

Wir haben gelernt, dass Selbstliebe nicht einfach ein Ziel ist, das man erreicht, sondern eine lebenslange Reise, die mit jedem Atemzug weitergeht. Es ist ein Tanz im Regen, ein Lächeln im Spiegel, ein freundliches Wort an uns selbst, wenn die Dinge nicht nach Plan laufen.

Die Geschichte von Kristina

Ich denke da gerne an eine Geisteswirbelstürmerin Kristina, deren Experiment, jeden Tag etwas zu finden, das sie zum Lachen bringt, sie zu der Erkenntnis führte, dass Freude oft in den kleinsten Dingen verborgen ist. Ihr Lachen wurde zu einer Brücke über schwierige Zeiten und ein Anker, der sie an die Schönheit des Augenblicks erinnerte.

Ein inspirierendes Zitat

Das schönste Licht kommt von innen.

von Unbekannt

Dieses Zitat fasst die Essenz unserer Reise zusammen. Die hellsten Strahlen, die unser Weg erleuchten, kommen aus der Tiefe unserer eigenen Seele.

<h3 style="text-align:center">Eine inspirierende Studie</h3>

Forschungen, wie die der University of North Carolina, haben gezeigt, dass Positivität und Dankbarkeit nicht nur unsere Stimmung verbessern, sondern auch unsere körperliche Gesundheit stärken können. Solche Studien bestätigen, was wir auf diesen Seiten entdeckt haben: Dass die Pflege unserer inneren Welt tiefe und dauerhafte Auswirkungen auf unser gesamtes Sein hat.

" Das Leuchten in Dir " ist mehr als nur ein Buch; es ist eine Einladung, jeden Tag als eine Gelegenheit zu sehen, sich selbst mit Liebe, Heiterkeit und positiven Gedanken zu umgeben. Unsere Reise endet nicht hier. Sie beginnt jeden Morgen aufs Neue, mit jedem Lächeln, das wir im Spiegel sehen, und mit jedem Akt der Freundlichkeit, den wir uns selbst erweisen.

Möge dieses Buch ein treuer Begleiter auf Ihrer unendlichen Reise zur Selbstliebe sein. Erinnern Sie sich daran, dass Sie das Licht, das Sie suchen, bereits in sich tragen. Es bedarf nur eines sanften Lächelns, eines leisen Flüsterns der Selbstakzeptanz, um es zum Strahlen zu bringen.

MARCUS ROSE
Schreiben für Deine Seele
DAS TAGEBUCH DER POSITIVITÄT
DIE 90 TAGE "CHALLENGE"
DAS TAGEBUCH ZUM BUCH
SELBSTLIEBE
DAS LEUCHTEN IN DIR.
EINE REISE ZU POSITIVE GEDANKEN
UND SELBSTLIEBE
RDW

MARCUS ROSE
PSYCHOLOGIE
GRUNDLAGEN
DER PSYCHE
Ein Einstieg
für
Anfänger
RDW
ICH-IM WIRBELWIND DES GEISTES

Quellen

> ➤ Der Autor hat keine externen Quellen Verwendet.
> Die Inhalte basieren auf eigenes Wissen durch
> Ausbildung, Fortbildung, Weiterbildung und
> Tägliche Erfahrungen im Umgang Privat und
> Beruflich mit Mitmenschen.

> ➤ Quellen Abfrage CahtGPT:
> Für die Erstellung der Texte, einschließlich der
> Kapitel und des Schlusswortes, habe ich keine
> externen Quellen verwendet. Die Inhalte basieren
> auf meinem trainierten Wissen und allgemeinen
> Informationen über Psychologie, die bis zu
> meinem letzten Training im April 2023 reichen. Es
> handelt sich um originelle Texte, die speziell für
> Ihre Anfragen erstellt wurden, unter
> Berücksichtigung der Richtlinien und des Stils, die
> Sie vorgegeben haben. Wenn Sie detaillierte
> Informationen oder akademische Referenzen zu
> spezifischen Themen in der Psychologie benötigen,
> kann ich Ihnen gerne dabei helfen, passende
> Literatur oder Studien zu finden.

> ➤ Piktogramme sind von Words: Ich greife auf
> Piktogramme zurück, die von Words bereitgestellt
> wurden. Diese visuellen Symbole verleihen
> intuitive und eine unterhaltsame Note.

➢ Bilder von https://pixabay.com/de und
www.istockphoto.com: Die wurden Bilder von
talentierten Fotografen auf https://pixabay.com/de
und iStock vervollständigt. Ein herzliches
Dankeschön an diese Künstler. 📷 📸

https://pixabay.com/de/vectors/herz-liebe-
romantik-valentinstag-147537/

Wie haben Ihnen die bereitgestellten Informationen gefallen?

Liebe Leseratten und Bücherwürmer und Geisteswirbelstürmer

falls euch mein Buch in den Bann gezogen hat und ihr eure Gedanken dazu teilen möchtet, würde ich mich über eure Bewertung riesig freuen! Es ist kinderleicht –

einfach hier ⇨

klicken und dem Buch ein paar liebe Worte verpassen. Das Ganze beansprucht nicht mehr als 2 Minuten eurer kostbaren Zeit.

Lasst mich wissen, was euch besonders gut gefallen hat, und natürlich auch, falls euch etwas aufgefallen ist, das ihr gerne anders hättet. Eure Meinung ist Gold wert, und ich lese wirklich jede einzelne Bewertung sowie jedes persönliche Feedback

(Geisteswirbelstuermer@rdw-traders-club.de).

Das hilft mir ungemein dabei, meine Bücher kontinuierlich zu verbessern und den Draht zu meinen Lesern zu stärken.

Auf meiner Facebook-Seite, in unserer exklusiven Gruppe, lade ich euch herzlich ein, mit mir und anderen Bücherfreunden über aktuelle Erlebnisse zu plaudern und natürlich eure Meinungen auszutauschen. Denn mal ehrlich, es gibt selten nur eine Wahrheit, oder?

Schaut vorbei:

https://www.facebook.com/ich.im.wirbelwind.des.geistes

Oder

https://www.instagram.com/geisteswirbelstuermer/

GEISTESWIRBELSTUERMER

Ein herzliches Dankeschön für eure großartige Unterstützung. Eure Meinung zählt, und ich freue mich darauf, von euch zu hören!

Mit literarischen Grüßen ,

Marcus Rose

Rechtliches

Für Fragen und Anregungen:

info@rdw-traders-club.de

Selbstliebe

Das Leuchten in Dir.

Eine Reise zu positive Gedanken

und Selbstliebe

Gehört zur Serie:

Ich - Im Wirbelwind des Geistes

Autor: Marcus Rose

Auflage,1   JAHR 2024

© by Marcus Rose

Herausgeber dieses Buches ist

VERLAG: Rock die Wellen Traders Club GmbH

ADRESSE: An der Brenzbahn 6

PLZ, 89073 **ORT**, ULM

Ansprechpartner Rose, Marcus

Steueridentifikation: USt-IdNr.: DE349425604

Lektorat & Korrektorat: ChatGPT und das RDW Team

Cover: **Germancreative** -
(https://www.fiverr.com/germancreative)

ISBN: 9798324456870

Druckerei: Amazon Media EU S.à r.l., 5 Rue Plaetis

L-2338, Luxembourg